Arn Strohmeyer
Dichter im Waffenrock

AF287246

Arn Strohmeyer, geb. 1942 in Berlin, Studium der Philosophie, Soziologie und Slawistik. Redakteur bei verschiedenen Tageszeitungen und bei einer politischen Monatszeitschrift, Ressortleiter Politik bei den *Bremer Nachrichten*. Mehrere Buchveröffentlichungen zum Thema völkisches Denken und Nationalsozialismus, zuletzt *Von Hyperborea nach Auschwitz. Wege eines antiken Mythos* (2005). Über seinen Vater, der im 3. Reich ein prominenter Blut- und Boden-Schriftsteller war, schrieb er die kritische Auseinandersetzung *Vaters Masken* (2005). Über Griechenland und die Insel Kreta, die er 1967 zum ersten Mal bereist hat und dann immer wieder, verfasste er mehrere Bücher, u. a. *Sorbas war ganz anders. Kretische Impressionen* (2004). Weitere Informationen unter www.arnstrohmeyer.de.

Arn Strohmeyer

Dichter im Waffenrock

Erhart Kästner in Griechenland
und auf Kreta 1941 bis 1945

Bibliografische Information Der Deutschen Bibliothek
Die Deutsche Bibliothek verzeichnet diese Publikation in der
Deutschen Nationalbibliografie; detaillierte bibliografische Daten
sind im Internet über http://dnb.ddb.de abrufbar.

Verlag Dr. Thomas Balistier
Egartstraße 19
D-72127 Mähringen
www.kreta-buch.de
1. Auflage Mähringen 2006
3. Auflage Mähringen 2019

Redaktionelle Beratung: Ulla Fuchs
Satz: AALEXX Druck GmbH, Großburgwedel
Umschlag: PEAK Agentur für Kommunikation GmbH, Tübingen
Umschlagfoto: Ralf Adler, Hechingen
Herstellung: bookpress.eu, Olsztyn (Polen)

ISBN 978-3-937108-07-0

Über das Dunkle ist zu schweigen.
Erhart Kästner

Die Wahrheit ist den Menschen zumutbar.
Ingeborg Bachmann

Geschichte, die nicht erinnert wird, holt uns ein.
Alexander Mitscherlich

Inhalt

Einleitung

Den Schriftsteller Erhart Kästner (1904-1974) umgibt eine seltsame Aura von Widerspruch. Seine zahlreiche Lesergemeinde wandert noch immer mit seinen Griechenlandbüchern in der Hand durch Hellas und spricht ihm die Autorität eines großen Philhellenen – also Freundes des griechischen Volkes – und „Humanisten" zu. Historiker dagegen, wie etwa Hagen Fleischer, die sich intensiv mit Hitlers Armee und ihren Verbrechen in Griechenland in den Jahren 1941 bis 1945 beschäftigt haben, nennen Kästner, der in dieser Zeit als Soldat dort war und im Auftrag der Wehrmacht zwei Bücher über das Land schrieb, einen „braunen Herold" und einen „Arno Breker der Feder". Wie erklären sich so krass entgegengesetzte Urteile über ein und denselben Autor?

Man kann davon ausgehen, dass die heutigen Leser von Kästners Büchern weder Rechtsextremisten noch Neonazis sind. Und da man diesen Autor auch nicht in einem Atemzug mit nationalsozialistischen Dichtern wie Friedrich Blunck, Edwin Erich Dwinger und Hanns Johst nennen kann, ist der Widerspruch um Kästner schwer aufzulösen. Eine ernsthafte politische Auseinandersetzung mit dieser Frage liegt bisher nicht vor.

Das mag daran liegen, dass Kästners Lesergemeinde zumeist nur die nach 1945 erschienenen Neufassungen seiner Griechenlandbücher kennt, nicht aber die Originaltexte, die nicht mehr auf dem Markt sind und nun in irgendwelchen Archiven lagern. Anders ist kaum zu erklären, dass die Bücher dieses Schriftstellers heute so unwidersprochen gelesen werden – einmal ganz davon abgesehen, dass seine Schilderungen von Griechenland bestenfalls historisch nachzuvollziehen sind, mit der politischen, ökonomischen und sozialen Wirklichkeit des modernen EU-Staates aber nichts zu tun haben. Das gilt allerdings auch für andere Hellas-Autoren und wäre allein kein Grund für eine kritische Auseinandersetzung mit Kästner.

Zu fragen ist also nach dem Verhältnis Erhart Kästners zum Nationalsozialismus, das von seinen Verehrern mit Schlagworten wie Humanist, Aufklärer und Philhellene zugedeckt wird, ja ganz bewusst zugedeckt werden soll. Es gibt sozusagen zwei Erhart Kästner: den von vor 1945 und den nach dieser historischen Zäsur. Der eine wanderte im Auftrag der Wehrmacht schreibend durch ein von ihr weitgehend zerstörtes und ausgeplündertes Land und brachte – ganz die Propagandaorder seiner Gönner beim Militär erfüllend – zwei Griechenlandbücher „zur Orientierung für die Soldaten im Feindesland" heraus. Später – nach der Zeitenwende – will der Schöngeist und Ästhet Kästner von all dem nichts mehr wissen; er änderte diese Texte aus der zeitlichen und geographischen Ferne einfach, indem er sie ideologisch säuberte, inhaltlich verharmloste und mit neuen Reiseeindrücken ergänzte. Einige neue Texte kamen dazu. So verschaffte er sich ein ganz neues Image, das sein Name bis heute bewahrt hat: das des liebenden und wissenden Griechenland-Freundes. Zu fragen ist, welche Kontinuitäten und Zusammenhänge zwischen diesen beiden Kästners bestehen.

Zu fragen ist vor allem aber nach der Fähigkeit dieses Autors, Realität wahrzunehmen. Anders gesagt: Hat Erhart Kästner von den schrecklichen Verbrechen, die deutsche Soldaten auf dem griechischen Festland und auf Kreta begangen haben –

und zwar genau zu der Zeit, als er dort als Wehrmachtsautor tätig war - nichts mitbekommen? Dass er sie als angestellter Propagandist dieser Armee nicht beim Namen nennen konnte, versteht sich. Aber Kästner hat auch nach dem Krieg dazu geschwiegen. Er war zu Scham und Trauer offenbar nicht fähig.

Es ist aber eine altbekannte Tatsache: Nur wer ernsthaft und aufrichtig bereit ist, sich der Wahrheit über die damaligen Geschehnisse in Griechenland und anderswo zu stellen und echtes Mitleid mit den Opfern empfindet, ist auch in der Lage, sie und ihre Nachkommen um Verzeihung zu bitten. Erhart Kästner, der als so großer Griechenland-Freund gilt, hat das nie getan. Dieses Buch will zum Erinnern beitragen, denn ohne Erinnern gibt es keine Versöhnung.

Bremen, im Februar 2006   Arn Strohmeyer

Die deutsche Griechenlandsehnsucht seit der Klassik und Romantik – Der Zweite Weltkrieg, der Nationalsozialismus und seine barbarischen Verbrechen auf griechischer Erde

Die Klassiker

Wenn die großen Dichter der klassischen und romantischen Zeit richtig lagen, dann wohnt den Deutschen seit jeher eine tiefe Sehnsucht nach allem Griechischen inne. Jeder Deutsche – so lautete diese von ihnen fast lehrhaft vorgebrachte Sentenz – hat ein unstillbares „Heimweh" nach Hellas. „Das Land der Griechen mit der Seele suchen" war Goethes erhabene Formulierung in der *Iphigenie* für dieses mächtige Verlangen. Hölderlin sprach von den „alten seligen Küsten", die ihn mehr fesselten als das eigene Vaterland: „Denn lieb ist in der Ferne nicht Eines mir, wie jenes, wo die Göttersöhne schlafen, das trauernde Land der Griechen".[1]

Alles Schöne, Edle und Humane wurde mit diesem fernen Land der Phantasie in Verbindung gebracht. Diese besten Eigenschaften der Menschen und speziell der Deutschen sollten dort und nirgendwo anders ihre Wurzeln haben. Aber diese deutsche Sehnsucht bezog sich auf ein Land, das es gar nicht gab, denn die Pracht und der Glanz des griechischen Altertums waren schon vor gut zwei Jahrtausenden im Staub der Geschichte versunken. Griechenland war am Anfang des 19. Jahrhunderts nach langer wechselvoller Geschichte eine türkische Provinz, die mehr oder weniger aus dem abendländischen Gesichtskreis verschwunden war. Dorthin zu gelangen war zwar möglich, aber mit großen Schwierigkeiten verbunden.

So war Hellas für die Heroen des deutschen Geistes eher ein Phantasieland als real existent, eine geistige Erfindung von ungeheurer Ausstrahlungskraft - aber eben ohne Bezug zur damals tristen Wirklichkeit des Landes. Das seelenvolle Sehnen bezog sich ja auch gar nicht auf das reale Land, sondern auf seine große geistige, kulturelle und politische Vergangenheit, die zum Ideal für die ganze Menschheit verklärt wurde.

Es sollte aber Illusion bleiben, denn obwohl alle diese deutschen Dichter und Denker ständig davon sprachen, sich ihre Sehnsucht erfüllen zu wollen und nach Griechenland aufzubrechen, ist keiner von ihnen wirklich in dieses Traumland gekommen. Sie wollten es auch gar nicht, denn Wirklichkeit und Wunschbild sollten getrennt bleiben. Die Legende und das Ideal vom Griechentum sollten ungestört und rein fortbestehen. In der Sehnsucht, so sagte der alte Goethe, ruhe das größte Glück, und das wahre Sehnen dürfe nur auf Unerreichbares gerichtet sein. Nur das „geträumte Altertum" konnte dieser Generation die „gesuchte Wirklichkeit" sein.[2]

Goethe sah auf seiner Italien-Reise im Hafen von Syrakus die Großsegler liegen, die nach Griechenland hinübersegeln würden - er hätte sich auf einem einschiffen können. Er zögerte einen Augenblick, rang mit sich und tat es dann doch nicht.

11

Offenbar waren ihm Bedenken gekommen, dass das wirkliche Hellas vielleicht doch nicht mit seinem inneren Sehnsuchtsbild übereinstimmen könnte.

Friedrich Hölderlin (1770-1843) machte sich - in einem verzweifelten, suizidartigen Aufbruch - wirklich zu einer Fußwanderung nach Griechenland auf, die aber in den Schweizer Alpen jäh endete, weil er von einem Straßenräuber überfallen und ausgeraubt worden war. Er sah in der Tat des Wegelagerers einen „göttlichen Akt" und empfand sich als „von Apoll geschlagen".[3]

Nur vereinzelt hatten Deutsche zu dieser Zeit und zuvor Griechenland aufgesucht. Erst als sich die Griechen um 1830 gegen die türkischen Besatzer erhoben, brachen deutsche Philhellenen in großer Zahl nach Hellas auf, um sie in ihrem Freiheitskampf zu unterstützen. Als dann ein hellenophiler Wittelsbacher als Otto I. König des neuen Griechenland wurde, hatte sich der Kreis geschlossen: An der Wiege des wiedergeborenen Hellas standen Männer, die vom Geist der deutschen Klassik geprägt waren. Ohne deren sehnsuchtsvolles Schwärmen wäre der politische Philhellenismus gar nicht möglich gewesen.

Ausgelöst hatte die deutsche Griechenland-Sehnsucht der Kunstwissenschaftler Johann Heinrich Winckelmann (1771-1868). Angerührt und überwältigt vor allem durch die griechischen Plastiken von Göttern und Menschen, die er in Rom sah, suchte er die Gesetze ihrer Schönheit zu ergründen und fand sie in der Nähe dieser Kunst zur „Urgestalt" der reinen Natur, die er mit dem Göttlichen identifizierte. Kunst - das „wahre Schöne" - war für ihn also reiner Ausfluss des Göttlichen - und in der Kunst der antiken Griechen hatte es sich am herrlichsten bewahrt.[4]

Diese Grundidee Winckelmanns war aber untrennbar mit zwei weiteren Gedanken verbunden. Aus einer solchen Auffassung vom Schönen ergab sich für ihn ganz automatisch eine ethische oder moralische Forderung. Denn das Schöne ist in dieser Sicht ja ganz eng mit dem Guten verknüpft. Und deshalb solle die „edle Einfalt und stille Größe" der griechischen Kunst den Menschen zu „wahrer Würde" und humanem Adel erheben. Das Ideal vom durch Kunst geläuterten Menschentum ist bei Winckelmann immer gegenwärtig. Dieses Ideal – davon war er überzeugt – kann sich zunächst nur in einem einzigen Volk erfüllen: dem deutschen. Denn nur die Deutschen seien durch eine „innere Seelenverwandtschaft" mit den Griechen in der Lage, den alten hellenischen Geist zu erneuern und mit ihm eine fruchtbare Symbiose einzugehen. Ideales Griechentum und Deutschtum sollten sich begegnen und eine höhere Form des Menschseins hervorbringen. Winckelmann war so auch der Begründer des „deutschen Griechenmythos" oder des „deutsch-griechischen Geistesbundes".[5]

Die gesamte deutsche Klassik nahm diese Gedanken auf und entwickelte sie weiter. Wie Winckelmann, erlebte Goethe (1749-1833) in Rom im Angesicht der „vollkommenen" griechischen Plastiken die „Einheit von Kunst- und Naturgesetz": Die Regeln und Normen, die in der Natur herrschen, sind auch die bildende Kraft in der Kunst und des durch die Kunst verklärten griechischen Menschentums. Für Goethes „Griechenglaube" gilt: Wo das Menschliche sich in seiner Urgestalt enthüllt, da ist es zutiefst „griechisch". Und wo griechisch geprägtes Menschentum auftritt, da muss es sich als das „Menschliche" schlechthin offenbaren – als reines, sich zu höherem Maße empor ringendes Menschentum. Fühlen, denken und handeln wie ein Grieche war für Goethe also nichts anderes als fühlen, denken und handeln wie ein wahrer, echter Mensch.[6]

Diese enge Verbindung von Ästhetik und Ethik ist ihrem Wesen nach vor allem eine deutsch-griechische Ehe. Denn auch Goethe war überzeugt: Gleiches kann nur von Gleichem erkannt und verstanden werden. Was heißt: griechische Humanität kann nur von der auch in den Deutschen immer schon zutiefst angelegten Humanität erfasst und gelebt werden. Diese innige Seelenverwandtschaft zwischen Griechen und Deutschen findet dann ihren höchsten dichterischen Ausdruck bei dem Olympier von Weimar in der Hochzeit von Faust und Helena (im Faust II, 3. Akt), die auf der Burg von Mistra bei Sparta vollzogen wird.[7]

Friedrich Schiller (1759-1805) schließt sich den „deutschen Griechen" Winckelmann und Goethe an und geht zugleich über sie hinaus. Der junge Dichter sah in der Mannheimer Kunstsammlung griechische Plastiken. Unter dem starken Eindruck der Skulpturen, die ihm offenbarten, wie eng bei den Griechen Menschliches und Göttliches miteinander verbunden war, entwarf er vom alten Hellas das Bild eines idealen, glücklichen Zeitalters, mit dem kein späteres an Schönheit, Sanftheit, Freude und Harmonie sich vergleichen durfte. In den „Bildsäulen der Alten" sah auch Schiller nicht nur die „ewige Schönheit", sondern auch die vollendete Humanität. In ihnen spiegelte sich für ihn das Dasein des „harmonischsten Volkes" wider, das je gelebt habe. Diesem reinen Ideal galt es nachzustreben. Das Griechische wird auch ihm zum Symbol menschlicher Vollkommenheit schlechthin. Aus der „ästhetischen Erziehung des Menschengeschlechts" sollte der wahre, ganze Mensch, der Schönes und Sittliches verbindet, hervorgehen.[8]

Schiller hat diese Gedanken später variiert und erweitert, aber das Griechentum blieb für ihn das höchste und letzte Ideal. Die Hellenen lebten - so sah er es - noch ganz in der Einheit von „arkadischem Naturzustand" und Kultur. Die Moderne sei aus diesem harmonischen Urzustand herausgefallen und müsse sich den neuen, höheren Zustand des Menschseins durch Freiheit und Vernunft - hier ist Schiller also ganz Aufklärer - erst erringen. Auf rationalem Weg also müsse das „neue Griechenland der Zukunft" hervorgebracht werden, das „Reich des wahren Menschen", in dem die Totalität von Natur und Geist sich wie einst zur wahren Humanität vereinen werde. Den Deutschen kommt für Schiller wegen ihrer Wahl- und Seelenverwandtschaft mit den Griechen eine besondere Rolle zu: Antikes und Modernes, „griechischer und deutscher Augenblick" sind unumgängliche Stationen auf dem Weg der Menschheit zu ihrer Vollendung.[9]

Wohl kein deutscher Dichter hat die Sehnsucht nach Hellas so intensiv geträumt wie Friedrich Hölderlin. Aber auch er stand unter dem Einfluss von Winckelmann. Er identifizierte sich so sehr mit dem Griechenland der Phantasie, dass er sein ganzes Dichtertum in die griechische Vergangenheit zurück wünschte: „Was ist es, das an den alten seligen Küsten mich fesselt, dass ich mehr noch sie liebe als mein Vaterland?", fragt er.[10] Hölderlin hatte kaum Anschauungsmaterial über das Griechenland seiner Zeit, es existierten nur wenige Reiseberichte mit Illustrationen. Aber was er dort sah, weckte eine Sehnsucht, die er durch die Lektüre der griechischen Klassiker längst in sich trug, Der Germanist Walter Rehm schreibt: „Es dehnte sich vor seinem inneren Auge ein Bild weiter und freier Gefilde, mit wogendem Meer und rauschenden Strömen, mit Wäldern, Hainen und Grotten am Meer, mit Lorbeerbäumen und Pomeranzen und blühendem Mastix, dazwischen alt und hehr und still die griechischen Trümmer. Fern und doch auch wieder unendlich nah seinem Innern ruhte dies Land. Groß und schön, heiter und hell, von klarem Licht überströmt und umspielt vom Zauber geistiger Wehmut – so leuchtete es herüber ins deutsche Seelenreich, eine wandellose griechische Natur, ein Land, von ,silberner und fernhintönender Flut' umrauscht."[11]

Und Hölderlin selbst schrieb: „Von früher Jugend an lebt' ich lieber als sonst wo auf den Küsten von Jonien und Attika und den schönen Inseln des Archipelagus, und es gehörte unter meine liebsten Träume, einmal wirklich dahin zu wandern zum heiligen Grabe der jugendlichen Menschheit. Griechenland war meine erste Liebe und ich weiß nicht, ob ich sagen soll, es werde meine letzte sein."[12]

Die griechische Landschaft ist hier nicht nur Stimmungsträger, sie ist Grundgestalt des Griechischen schlechthin, und umgekehrt gibt Griechenland die Grundgestalt der Natur, ja ist der Offenbarungsraum der Natur. Die Griechen - das war Hölderlins Glaube - hatten sich als vollkommen mitten in der Natur empfunden, für die die Götter als ausdrucksvolle Repräsentanten standen. Er sah Griechenland als eine einmalige Gemeinschaft von Göttern, Menschen und Landschaft. Diese Gemeinschaft zurückzugewinnen war sein dichterischer Lebenstraum. Er nannte diese Utopie das „Reich der Liebe".

Seine autobiographische Romangestalt Hyperion - eine verwundete einsame moderne Seele - findet Trost und Identität im Einswerden mit diesen Grundkräften der Natur, und sie wecken sein eigenes, noch schlummerndes Griechentum. Empedokles, die andere große Gestalt der Hölderlinschen Dichtung, predigt den neuen Glauben an die heilige, in der Natur zu vollziehende Vereinigung der Menschen mit den alten Göttern. Auch er spricht vom „Reich der Liebe", das sich aus dem religiösen Genius Griechenlands erheben solle, von der Neugeburt des Menschen und von seiner Rückkehr zum griechischen Ursprung.[13]

Hölderlin hat diesen Gedanken weiterentwickelt und konkretisiert, wo sich diese Wiederkunft des Griechischen als Bund von Gott, Mensch und Natur vollziehen werde: in Deutschland. „Die Rückkunft der Götter ist Rückkunft des Griechischen im Deutschen und als Deutsches." Deutschland - das ist Hölderlins Sehnsucht - wird das neue Griechenland, das künftige „Reich des Liebe".[14]

Deutsche Schreckensherrschaft

Nicht einmal anderthalb Jahrhunderte nach den geistigen und humanistischen Höhenflügen der deutschen Klassik: es ist der

16. August 1943. Deutsche Soldaten der 12. Kompanie des III. Bataillons der 1. Gebirgsdivision haben in Epirus (Nordgriechenland) das Dorf Kommeno umstellt. Feldmarschmäßig ausgerüstet mit Granatwerfern, Maschinengewehren, Maschinenpistolen griffen sie am Morgen dieses Tages das noch in tiefem Schlaf liegende Dorf an. Der Befehl lautete: „Niemand darf überleben, alle sind niederzumachen!"[15] Aus dem Ort erfolgte keine Gegenwehr, kein einziger Schuss wurde auf die Eindringlinge abgegeben. Bei dem Mordzug durch das Dorf wurden Handgranaten in die Häuser geworfen und durch die Türen mit Karabinern und Maschinenpistolen geschossen. Viele Menschen verbrannten in ihren Häusern. Diejenigen, die sich nach draußen retten konnten, wurden von den Gebirgsjägern niedergestreckt.[16]

Aus nächster Nähe wurden die Menschen ermordet: Männer und Frauen, Jugendliche, Kinder und Greise. Wer zu fliehen versuchte, den töteten die Garben der Maschinengewehre.

Furchtbare Szenen spielten sich ab. In einer eidesstattlichen Aussage hat einer der beteiligten Soldaten später berichtet, dass die Gebirgsjäger sich auch an den Toten vergingen: Einige hätten weiblichen Leichen Bierflaschen in die Geschlechtsteile gerammt. Kinder wurden in der Weise verbrannt, dass ihnen mit Benzin getränkte Watte in den Mund gestopft und die Watte dann angezündet wurde. Wobei unklar blieb, ob diese Kinder lebend oder als Leichen so misshandelt worden sind.[17]

Ein anderer Zeuge bestätigte, dass schwangere Frauen vergewaltigt, geschändet und ermordet wurden, dass man ihnen den Bauch aufgeschlitzt und ihnen ihr Ungeborenes in den Arm gelegt hat.

Nach zwei oder drei Stunden war alles vorbei. Ein paar Unteroffiziere gingen noch durch die Straßen und Gassen und gaben den Verletzten den Gnadenschuss. Dann war wieder Ruhe im Dorf, es herrschte das Schweigen des Todes: 317

Zivilisten waren niedergemetzelt worden. Ein Maschinen-gewehrschütze hat später ausgesagt: „Das war wie Grasmähen. Das geht ganz schnell. Dann ist es still. Kein Schreien mehr, keine Unruhe. Dann ist man ruhig."[18]

Die Truppe machte nach dem Morden reichlich Beute. Teppiche und Wertgegenstände wurden auf die Lkws geladen und weggebracht. Um 13 Uhr wurde von der Küche das Mittagessen ausgegeben – es gab Milchreis mit Kompott. Am Abend fand im Lager ein Besäufnis statt. Es ging hoch her – den Wein und die Lebensmittel für das Fest hatten die Soldaten in Kommeno erbeutet.[19] In der Meldung des Regiments hieß es über den Einsatz lakonisch, dass die Kompanie starkes Gewehr-feuer aus sämtlichen Häusern erhalten habe. Daraufhin habe man den Ort gestürmt und niedergebrannt. Bei diesem Gefecht seien einige Banditen entkommen. 150 Zivilisten seien getötet worden.[20]

Anlass zu dem Überfall auf das Dorf war ein eher geringfü-giger Vorfall gewesen. Eine deutsche Streife war in einem Pkw in dem Dorf aufgetaucht und hatte einige Gewehre an die Wand eines Kafenions gelehnt entdeckt, die offensichtlich Partisanen gehörten. Wie sich später herausstellte, stammte kei-ner von denen aus dem Ort. Die Streife hatte sich schnell wie-der entfernt, passiert war nichts, aber damit war Kommeno als „Bandenzentrum" ausgemacht. Der Befehl lautete: „Alle Be-waffneten werden grundsätzlich an Ort und Stelle erschossen. Dörfer, aus denen geschossen wird oder in denen Bewaffnete angetroffen werden, sind zu vernichten, die männliche Bevöl-kerung zu erschießen."[21]

Es gab viele Kommenos während der deutschen Besatz-ungszeit in Griechenland – Namen, die auf immer mit dem unschuldig vergossenen Blut von Ermordeten und der Grau-samkeit der Eroberer aus dem Norden verbunden sein werden. Etwa Kalavrita: Am 13. Dezember 1943 drangen Soldaten der 117. Jägerdivision in das kleine Städtchen im Aroania-Bergmassiv auf dem Peloponnes ein, um ein „Aufklärungs- oder Säuberungsunternehmen" durchzuführen. Die Partisanen hatten drei deutsche Soldaten getötet und 81 gefangengenommen. Sie waren zu Verhandlungen über die Freilassung bereit, aber der deutsche Befehlshaber lehnte ab.

Als sich ein deutscher Trupp dem Ort näherte, in dem die Gefangenen festgehalten wurden, erschossen die Partisanen ihre Geiseln. Die Rache war furchtbar: Alle Männer von Kalavrita und umliegender Orte von 12 Jahren an wurden von den Soldaten zur Hinrichtungsstätte – eine Bergsenke oberhalb des Orts – geführt und dort in stundenlangem Massaker mit Maschinengewehren niedergemäht. Mehr als 800 Männer und Jungen wurden umgebracht, in der gesamten Bergregion waren es 1300. Um sicherzustellen, dass niemand überlebt hatte, wurde den Opfern anschließend mit der Pistole in den Kopf geschossen.[22]

Den Frauen bot sich am Nachmittag, als sie auf das Bergplateau kamen, ein furchtbares Bild: Berge von Leichen, der Schnee rot gefärbt von Blut. Wegen des gefrorenen Bodens konnten die Toten nicht richtig beigesetzt werden. Eine Frau berichtete später: „Der Himmel war voll von aasfressenden Vögeln. Wilde Tiere fielen über die Gräber her. Die Leichen waren nur wenig mit Erde bedeckt."[23] Auf vielen Grabschildern ist heute noch zu lesen: „Exekutiert von den Deutschen" oder ergänzt durch den Zusatz „Exekutiert von den barbarischen Deutschen".

Oder Distomo. In diesem Ort in der Nähe von Delphi brachten Soldaten der 4. SS-Panzer-Grenadier-Division 228 Menschen um – darunter 34 Kinder im Alter von einem bis zehn Jahren sowie vier Säuglinge im Alter von zwei bis sechs Monaten. Überlebende haben berichtet: „Männer wie Kinder wurden wahllos erschossen, Frauen vergewaltigt und niedergemetzelt, vielen schnitten die Soldaten die Brüste ab. Schwangere Frauen wurden aufgeschlitzt, manche Opfer mit dem

Bajonett gemeuchelt. Anderen wurden die Köpfe abgetrennt oder die Augen ausgestochen."[24] Der deutsche Historiker Hagen Fleischer spricht von geradezu „sadistischen Exzessen"[25], die sich dort ereignet hätten. Anlass zu diesem Blutbad war die Erschießung von drei deutschen Soldaten durch Partisanen gewesen. Die deutsche Einheit hatte erfolglos Widerständler gejagt und war auf der Rückkehr nach Distomo in einem Nachbardorf in einen Hinterhalt geraten.

Auch auf Kreta haben die deutschen Besatzer eine breite Blutspur gezogen. Nur zwei Beispiele. Kandanos im Südwesten und Anogia im Ida-Gebirge. Bei Kandanos war es zu Kämpfen mit Partisanen gekommen, bei denen es deutsche Verluste gegeben hatte. Es drohte eine Vergeltungsaktion. Die Einwohner des Ortes hatten am 22. Mai 1941 beschlossen, sich nicht zu ergeben, sondern Widerstand zu leisten. Sie kämpften mit uralten Waffen – Vorderladern, Flinten und Beilen und was sie sonst noch besaßen – gegen die deutsche Übermacht. Als sich die Kreter in die Berge zurückziehen mussten, drangen die Soldaten in die Stadt ein und töteten alle Einwohner, die sie in den Häusern vorfanden. Der Befehl lautete, dass Kandanos zu zerstören sei und alle Einwohner getötet werden sollten. Die Deutschen plünderten den Ort, steckten die Häuser in Brand und sprengten sie.[26] Nach Angaben von griechischer Seite wurden insgesamt 300 Menschen erschossen.[27] Am Ortseingang stellten Hitlers Soldaten eine Tafel mit deutscher Beschriftung auf. Sie lautete: Hier hat einst Kandanos gestanden.

Beispiel Anogia. Im Rahmen von Vergeltungsmaßnahmen wurde das größte Dorf Kretas am 13. August 1944 zerstört. Die Deutschen befahlen den Einwohnern (es handelte sich nur noch um Frauen und Kinder, da sich die Männer schon abgesetzt hatten), innerhalb einer Stunde den Ort zu verlassen. Dann brannten sie die Häuser nieder und sprengten sie anschließend mit Dynamit. Das Vieh, das sie nicht mitnehmen konnten, töteten sie. Die Einwohner, die wegen ihres Alters oder ihrer

Gebrechen das Dorf nicht verlassen konnten, brachten sie um: „Bettlägrige Greise und Greisinnen verbrannten und wurden anschließend unter den Trümmern ihrer gesprengten Häuser verschüttet. Viele andere wurden in der Umgebung getötet. Von den 950 Häusern Anogias ist nicht eins übrig geblieben. Die offizielle Liste der Präfektur Rethymnon führt 117 hingerichtete Einwohner Anogias für die Zeit der Besatzung auf."[28]

Insgesamt hat es auf Kreta in 72 Orten Exekutionen gegeben[29] Dabei sind nach griechischen Angaben 3474 Menschen hingerichtet worden. Etwa 40 Ortschaften hatten die Besatzer total zerstört und ebenso viele mehr als zur Hälfte. Auch von dem landwirtschaftlichen Reichtum der Insel war so gut wie nichts übrig geblieben: Die Deutschen hatten die Ernten entweder geraubt oder die Felder und Olivenhaine zerstört. Auch alle Schlachttiere hatten sie an sich genommen; den Kretern war Schlachten strengstens verboten.[30]

Der kretische Schriftsteller Nikos Kazantzakis (1883-1957), der später mit seinem Roman *Alexis Sorbas* berühmt wurde, zog im Sommer 1945 zusammen mit zwei Professoren im Auftrag der griechischen Regierung monatelang durch Kreta, um die Verheerungen der Besatzer zu bilanzieren. Er registrierte, dass 8800 Häuser bei Vergeltungsmaßnahmen zerstört worden seien; es gebe kaum ein Dorf, das keine Toten zu beklagen habe. Eine Hungersnot größten Ausmaßes sei nur durch die Hilfe des Roten Kreuzes verhindert worden.[31]

Kazantzakis schildert auch, wie die Besatzer vorgegangen waren: „Am 2. Juni 1941 exekutierten sie auf dem Kirchhof [in Alikianos] 42 Männer vor den Augen ihrer zum Zuschauen gezwungenen Frauen als Sühnemaßnahme für die während des Angriffs [auf Kreta] getöteten Fallschirmjäger. Die Todgeweihten mussten eigenhändig ihre Gräber ausheben. Nachdem die Deutschen ihnen ihr Geld, ihre Ringe und Uhren abgenommen hatten, erschossen sie sie in Zehnergruppen und warfen ihnen jeweils - anstelle von Gnadenschüssen - noch eine

Handgranate hinterher. Viele sind lebendig begraben worden. Augenzeugen berichten, dass sich die auf die Erschossenen geworfene Erde noch von den Todeszuckungen der so Begrabenen bewegte."[32]

Eines der furchtbarsten Massaker verübten deutsche Soldaten im September 1943 in der Gemeinde von Ano Viannos. In dem Bericht der Kazantzakis-Kommission heißt es: „Am 14.9. sollte eine der größten Katastrophen hereinbrechen, die Kreta während der ganzen Besatzungszeit erlebt hat. Die Deutschen überfielen die Dörfer Viannos, Amira, Vachos, Kephalovrissi, Krevvatos, Ag. Vassilios, Pefkos, Kato Symi, Gdochia, Myrtos, Mournies, Malles etc. Nachdem sie schon auf dem Hinweg jeden getötet hatten, der ihnen begegnete – Männer, Frauen, Kinder –, trieben sie in den Dörfern selbst alle Männer zusammen und exekutierten sie in Gruppen."[33] In den Truppenberichten werden solche Erschossenen in der Regel – auch Kinder – als „Partisanen" oder „Kommunisten" bezeichnet. In Ano Viannos wurden 440 tote „Banditen" gezählt.[34]

Kazantzakis resümierte: „Die Leiden Kretas sind furchtbar. In einem Dorf empfingen uns nur Frauen, alle schwarz gekleidet, weil die Männer von den Deutschen erschossen worden sind. Ganze Dörfer sind niedergebrannt, nur Trümmer. Die Menschen haben nicht einmal mehr Gabeln oder Tassen, keine Kleidung keinen Wein, und dann klagen sie, dass sie nichts haben, um uns zu bewirten."[35]

Nicht fassen konnte Kazantzakis, dass gerade Deutsche es gewesen waren, die Griechenland und Kreta verheert hatten, denn der Schriftsteller war ein großer Verehrer der deutschen Kultur, besonders der Literatur. Er hatte selbst am Ende der zwanziger Jahre lange in Berlin gelebt und Werke von Goethe und Nietzsche ins Griechische übersetzt. Nun waren Soldaten dieses großen Kulturvolkes wie die Barbaren über seine Heimat hergefallen ...

Der kretische Historiker Theocharis E. Detorakis bilanzierte die Jahre von 1941 bis 1945 so: „Die Kämpfe mit den Deutschen endeten am 31. Mai [1941] und das Hakenkreuz flatterte über der gesamten blutüberströmten Insel. Nach Griechenland und dem Rest von Europa war nun Kreta an der Reihe, in die grauenvolle Nacht des Nazi-Schreckens einzutauchen. Die Besatzung begann und damit die grauenvollen Vergeltungsmaßnahmen und die unbeschreiblichen Kriegsgreuel der Eroberer auf Kosten der zivilen Bevölkerung. (...) Die Verteidigung der kretischen Freiheit wurde mit dem höchsten Preis bezahlt, mit Inhaftierungen, Massenexekutionen, Konzentrationslagern, mit der Ausrottung ganzer Dörfer und mit viel Grauen."[36]

Dass so gut wie kein einziger der Täter für seine Untaten in Griechenland im Nachkriegsdeutschland gerichtlich zur Verantwortung gezogen worden ist, sei der Vollständigkeit halber erwähnt. Und auch: dass kaum ein Reiseführer es für wert befindet, auf die deutsche Schreckensherrschaft auf dem Festland und auf den Inseln hinzuweisen.

Der Krieg

Wie war es zu dem Überfall von Hitlers Wehrmacht auf Griechenland im Zusammenhang mit der Gesamtkriegsplanung gekommen? Hitlers „Blitzkrieg" in Hellas ist nicht ohne die Vorgeschichte verständlich.[37] In Athen hatte sich 1933 nach einer Pattsituation bei Parlamentswahlen unter dem General Joannis Metaxas ein monarcho-faschistisches Regime etabliert, das sich selbst als „Drittes griechisches Reich" bezeichnete. Der eigentliche Herrscher im Land aber war König Georg II., der sich in seiner Politik eng an Großbritannien anlehnte und eigentlich ein Monarch von Londons Gnaden war. Metaxas selbst hatte die preußische Kriegsschule besucht und galt als sehr deutschfreundlich, weshalb er auf ideologische Freundschaft mit Berlin und Rom setzte.

Die Enttäuschung musste also groß gewesen sein, als das faschistische Italien am 28. Oktober 1940 das faschistische Griechenland überfiel. Metaxas empfand das als Verrat an der gemeinsamen Sache. Mussolini war im Juni 1940 auf deutscher Seite in den Krieg eingetreten, hatte mit seinen Truppen aber nur wenige Erfolge zu verzeichnen. Als Hitler Truppen nach Rumänien schickte – also in die italienische Interessensphäre –, fühlte sich der italienische Diktator vor vollendete Tatsachen gestellt. Der Angriff auf Griechenland war seine Vergeltung. Hitler war von diesem Unternehmen unterrichtet, hatte es aber nicht gebilligt. Er wollte den Balkan zunächst ruhig halten, weil er das für seine Kriegführung wichtige rumänische Öl vor britischem Zugriff bewahren wollte.

Die griechische Armee hätte eigentlich gegen die überlegene Streitmacht der Italiener bei den Kämpfen an der epirotisch-albanischen Front keine Chance gehabt. Aber es geschah fast so etwas wie ein Wunder: Die Griechen konnten die Italiener zurückschlagen und verzeichneten Sieg auf Sieg, was sie nur vermochten, weil sie ihre innenpolitischen Differenzen zurückstellten und einen echten „Volkskrieg" gegen die Invasoren führten. Aber die griechischen Erfolge schufen ein für Metaxas kaum zu lösenden Problem: denn es war klar, dass Hitler einen griechischen Sieg über Mussolini aus Prestigegründen nicht zulassen konnte. Außerdem hätte ein solcher Erfolg automatisch eine stärkere Präsenz der Briten in Hellas bedeutet, was aus Hitlers Sicht eine Bedrohung der rumänischen Ölquellen und eine ungedeckte Flanke für sein „Unternehmen Barbarossa" – also den Russlandfeldzug – gewesen wäre. Metaxas stoppte seinen Feldzug und lehnte britische Hilfe ab.[38]

Nun überschlugen sich die Ereignisse. Metaxas starb Ende Januar 1941. Den Griechen entglitt das Gesetz des Handelns, sie wurden zum Spielball der internationalen Politik. Die Briten drängten der neuen Regierung unter dem Premier Korizis militärische Hilfe auf, König Georg II. erzwang die Annahme.

Das war für Hitler das Zeichen zum Angriff. Am 6. April 1941 – zeitgleich mit dem Überfall auf Jugoslawien – rückten die deutschen Truppen in Hellas ein. In einem „Blitzkrieg" von drei Wochen wurde das Land erobert. Die Griechen hatten sich tapfer gewehrt – Hitler selbst zollte ihnen Respekt und entließ die gesamte Armee in „Anerkennung ihrer Leistung" nach Hause. Das Verhältnis zwischen Eroberern und Eroberten soll zu dieser Zeit relativ gut gewesen sein – so gut, dass die militärische Führung glaubte, Griechenland mit einer sehr kleinen Zahl von Truppen halten zu können. Allerdings nur unter der Voraussetzung, dass man die Italiener nicht ins Land lasse.

Hitler, der nicht gerade als Freund der Neugriechen galt, erklärte im Mai vor dem Reichstag anerkennend: „Dem besiegten unglücklichen griechischen Volk gegenüber erfüllt uns aufrichtiges Mitleid. Es ist das Opfer seines Königs und einer kleinen verblendeten Führungsschicht. Es hat jedoch so tapfer gekämpft, dass ihm auch die Achtung seiner Feinde nicht versagt werden kann."[39] An anderer Stelle versicherte er, dass man Griechenland nie angegriffen hätte, wenn es die Engländer nicht ins Land gelassen hätte. In der Propaganda hieß es immer wieder, man sei als Freund nach Griechenland gekommen.[40]

Die deutsche Führung teilte das Land nun in Besatzungsgebiete auf, weil sie die Truppen für den Angriff auf die Sowjetunion brauchte. Die Wehrmacht behielt nur Thessaloniki, Teile von Attika, das Grenzgebiet zur Türkei und Kreta. Die Italiener bekamen den größten Teil des Landes, was sich als schwerer psychologischer Fehler erwies. Denn die Anwesenheit der Verlierer des Krieges in Albanien musste den Widerstand geradezu herausfordern. Die Bulgaren machten sich als Besatzer in Westthrakien und Ostmakedonien auch äußerst unbeliebt, weil sie sofort daran gingen, diese Gebiete zu annektieren. Durch diese Maßnahmen schadete die deutsche Besatzungsmacht ihrem Ansehen und bereitete dem Entstehen eines aktiven Widerstandes das Feld.

Am 20. Mai 1941 waren deutsche Fallschirmjäger im Westteil der Insel Kreta eingefallen. Das unter der Bezeichnung „Merkur" (in Anspielung auf den geflügelten Götterboten der Antike) geführte Unternehmen gestaltete sich für die Deutschen äußerst verlustreich. Griechische, britische, neuseeländische und australische Soldaten leisteten gemeinsam mit kretischen Zivilisten erbitterten Widerstand gegen die Invasoren.[41] Die deutschen Verluste waren hoch: Auf dem Soldatenfriedhof von Maleme liegen 4465 deutsche Soldaten bestattet, die im Verlauf der Kämpfe ums Leben kamen. Dennoch feiern deutsche Veteranen diese Schlacht noch immer als eine Heldentat und als „Sieg der Kühnsten".

Hitler selbst hatte am 21. April 1941 den Befehl zur Eroberung der Insel gegeben, weil er sie als strategisch besonders wichtig erachtete. Denn die deutsche militärische Führung musste befürchten, dass die Briten sie zu einer Seefestung ausbauten. Sie verfolgte nun das Ziel, die noch auf Kreta verbliebenen britischen Truppen zu vertreiben, die Bedrohung des südost-europäischen Raumes durch englische Luft- und Seestreitkräfte auszuschließen und die rumänischen Ölfelder zu schützen.[42] Aber diese Absicht wurde in der Folgezeit mit der Eroberung Kretas nicht erreicht. Der Sieg war so teuer erkauft worden, dass Hitler bei ähnlichen Aktionen auf den Einsatz der Fallschirmjäger verzichtete.

Das Unternehmen „Merkur" hatte zu einer deutlichen Verschlechterung des deutsch-griechischen Verhältnisses geführt, da sich an den Kämpfen auf Kreta auch die Zivilbevölkerung beteiligt hatte, gegen die die Deutschen nun in Sühnenaktionen vorgingen. Als zwei Studenten den Felsen der Akropolis erkletterten und die dort gehisste Hakenkreuzfahne herunter holten, wurde das in Europa als der Beginn des griechischen Widerstandes gedeutet.

Die folgenden drei Jahre bis zum Oktober 1944 waren für die Griechen eine Zeit der Leiden, wie auch andere besetzte

Länder in Europa sie erlebten. Die Regierung in Athen war eine Marionette der Besatzer, der Widerstand im Land entfaltete sich überall auf breiter Basis, war aber in sich in verschiedene politische Richtungen gespalten – bis zu bürgerkriegsähnlichen Auseinandersetzungen. Es entstanden drei größere Widerstandsorganisationen: die sozialistisch/kommunistische EAM/ELAS, die liberale EDES und die linksliberale EKKA. Die größte Gruppe war die EAM/ELES, die 1,5 Millionen Mitglieder gehabt haben soll. Widerstand von konservativer oder monarchischer Seite gab es nicht.[43]

Im Winter 1941/42 kam es im ganzen Land zu einer Hungerkatastrophe, für die es drei Gründe gab: 1. der kriegsbedingte Ausfall der Ernte im Sommer 1941 war beträchtlich; 2. die von Bulgarien besetzten Gebiete im Norden lieferten kein Getreide mehr; und 3. die britische Blockade zeigte Auswirkungen, denn in London glaubte man, durch eine Hungersnot in Griechenland die Achsenmächte Berlin und Rom dort in Schwierigkeiten bringen zu können. Die Griechen sollten zur Rebellion gebracht werden.[44] Zu den Gründen für die Hungersnot kam auch die große Landflucht nach Athen. Die Zustände in der Hauptstadt wurden unerträglich, weil dort auch sehr viele Flüchtlinge lebten, die 1922 von den Türken aus Kleinasien vertrieben worden waren. Nach neuen Zahlenangaben starben im Winter 1941/42 in Attika fast 35 000 Menschen an den Folgen des Hungers, in der ganzen Besatzungszeit waren es 90 000.[45] Von Hermann Göring ist der Satz überliefert: „Wir können uns nicht übertrieben um die hungernden Griechen kümmern. Das ist ein Unglück, das noch viele Völker treffen wird."[46]

Auf Kreta hatten die Aktivitäten des Widerstandes direkt nach der Besetzung der Insel begonnen, auf dem Festland setzten sie im Lauf des Jahres 1942 ein. Zunächst griffen die Partisanen dort italienische Einheiten an, die mit Vergeltungsmaßnahmen in Form von Geiselerschießung und Niederbrennen von Dörfern antworteten. Als auch die deutschen Truppen immer mehr unter das Feuer der Partisanen gerieten, verlegte das Oberkommando der Wehrmacht zusätzliche Divisionen nach Griechenland, die – nachdem Italien dann im September 1943 die Seiten gewechselt hatte – auch Sicherungsaufgaben im Inneren übernahmen. Damit begann für die Wehrmacht auch in Griechenland der Partisanenkrieg.[47]

Die deutschen Truppen begegneten den Angriffen der Partisanen auf verschiedene Weise: Sie versuchten die Widerstandsorganisationen durch Propaganda zu spalten und einen Bürgerkrieg zu provozieren, was zum Teil auch gelang. Sie halfen bei der Aufstellung einer Kollaborationsarmee und leiteten Sühnemaßnahmen ein, die durch einen direkten Befehl Hitlers gedeckt waren, wobei die SS schärfer vorging als die Wehrmacht. Für die SS galt die Sühnequote 1:50 (für einen getöteten deutschen Soldaten wurden 50 Griechen erschossen), die Wehrmacht „begnügte" sich mit der Quote 1:10.[48]

Auf Kreta organisierte sich der organisierte Widerstand ab dem Frühjahr 1942. Die Historikerin Marlen von Xylander nennt als Grund dafür, warum der Oppositionsgeist hier besonders stark war: „Revolten, Revolutionen und Kriege prägten die Geschichte Kretas und führten zur Entstehung einer tief verwurzelten Freiheitsliebe wie eines elementaren Widerstandsgeistes in der kretischen Bevölkerung. Die Kämpfe richteten sich gegen die jeweilige Fremdherrschaft der Römer, Araber, Venezianer, Türken und schließlich gegen die Deutschen."[49]

Der Widerstand der Kreter erfolgte also unmittelbar aus ihrem freiheitsliebenden Selbstverständnis heraus und konnte sich von daher nicht den Regeln irgendwelcher Kriegskonventionen unterwerfen, von denen die meisten Kreter vermutlich gar nichts wussten. Zu den Strafmaßnahmen der Deutschen gehörten hier: Kontributionszahlungen, Erschießung von Einwohnern, Niederbrennen von Ortschaften oder Ausrottung der männlichen Bevölkerung ganzer Gebiete. Die Einführung von Kollektivstrafe und Kollektivhaftung war auf Kreta besonders wirkungsvoll, da die Familienbande traditionell hier sehr eng sind, führten aber andererseits dem Widerstand auch Nachwuchs zu. In Agiá (neun Kilometer von Chania entfernt) wurde ein Konzentrationslager eingerichtet, in dem über 1000 Kreter hingerichtet wurden.[50]

Hand in Hand mit militärischen Aktionen der Wehrmacht und der SS gegen die Partisanen lief die „Endlösung der Judenfrage" in Griechenland. Schon bald nach dem deutschen Einmarsch wurden in Thessaloniki die Juden – es handelte sich um 80 000 Menschen – ihrer Bibliotheken und Kunstschätze beraubt. Im Juli 1942 wurden sie zur Zwangsarbeit eingesetzt, die viele von ihnen nicht überlebten, weil die Arbeitsbedingungen so unmenschlich waren.

Im Februar 1943 begannen die ersten Transporte nach Auschwitz. Insgesamt kamen 46 091 Mitglieder der jüdischen Gemeinde von Thessaloniki ums Leben.[51] Neuere Forschungen haben die wirtschaftlichen Zusammenhänge der Judendeportation offengelegt. Griechenland stand 1942 durch die deutsche Besatzung vor dem ökonomischen Bankrott. Das Land war von den Deutschen und Italienern ausgeplündert worden – vor allem Tabak, Erz, Chrom, Olivenöl, Korinthen und Seide wurden nach Deutschland gebracht. Zudem hatten die Griechen die Besatzungskosten selbst aufzubringen, und die Wehrmacht musste sich aus dem Land ernähren. Am Ende der deutschen Herrschaft in Griechenland betrug die Inflationsrate 550 Millionen Prozent.[52] Dieser Prozess konnte nur mit Sondereinnahmen verlangsamt werden. Die Deutschen enteigneten daher die zum Teil sehr reichen Juden von Thessaloniki, konfiszierten ihr Gold (insgesamt acht Tonnen), stoppten damit den Verfall der Drachme und finanzierten mit dem Raubgold auch den Unterhalt der Wehrmacht.[53]

Auf Kreta ließ der Kommandant der Festung, General Bruno Bräuer, in der Nacht vom 20. zum 21. Mai 1944 alle Juden

Chanias – es waren einige hundert – zusammentreiben. Sie wurden zunächst in das KZ Agiá gebracht, dann in Heraklion mit 150 Italienern und ein paar Griechen auf dem Frachter „Danais" zusammengepfercht. Das Schiff ist im Zielhafen Piräus nie angekommen – es wurde am 8. Juni versenkt. Wer diese Tat beging, ist bis heute nicht geklärt. Die deutsche Seite sprach von „Feindeinwirkung", die Kreter glauben bis heute, dass die Deutschen den Frachter torpediert haben. Insgesamt wurden 60 000 Menschen aus Griechenland nach Auschwitz deportiert.[54]

Wenn die militärische Bedeutung des griechischen Widerstandes auch eher als gering eingeschätzt wird, hatte er doch großen Einfluss auf die griechische Gesellschaft, weil sich hier zum ersten Mal in der Geschichte des Landes so etwas wie eine Demokratie von unten etablieren konnte. Die Dezentralisierung von Entscheidungsprozessen, die Gleichstellung von Mann und Frau und die Volksgerichtsbarkeit wurden eingeführt. In freien Wahlen wurde ein „Nationaler Rat" gewählt, der beim Abzug der Deutschen 90 Prozent des Staatsgebietes beherrschte. Die kommunistische Partei (KKE) spielte in der EAM eine wichtige Rolle, dominierte sie aber nicht. Die Masse der EAM-Mitglieder stammte eher aus dem liberalen Lager.[55]

Der Widerstand strebte für die Nachkriegszeit eine demokratische und sozial gerechte Republik an, die außenpolitisch einen unabhängigen Kurs steuern sollte. Dazu war aber die Zustimmung Großbritanniens nötig. Der britische Premier Winston Churchill war gegen eine solche Entwicklung. Griechenland – entschied er – sollte britisches Einflussgebiet bleiben, mit einem London ergebenen König an der Spitze. Wohl wissend, dass die große Mehrheit der Griechen die Monarchie ablehnte, ordnete Churchill – unter dem Vorwand, in Griechenland würde sonst nach dem Abzug der Deutschen die Diktatur des Proletariats errichtet – eine militärische Intervention an.

Die griechische Tragödie nahm nun ihren Lauf. Die Exil-regierung kehrte aus Kairo nach Athen zurück, und dank britischer Billigung lief eine konterrevolutionäre Welle über das Land, die die von den Widerstandsgruppen geschaffenen Machtverhältnisse wieder umkehrte. Griechenland wurde zum einzigen Land Europas, wo die Kollaborateure nicht nur nicht bestraft, sondern sogar belohnt wurden und die Mitgliedschaft im Widerstand als Verbrechen angesehen wurde.[56] Die Linke machte dann den Fehler, die Parlamentswahlen vom März 1946 aus Protest gegen den Terror der Rechten zu boykottieren, was sie in der Folgezeit um jeden Einfluss brachte. Die Rechte manipulierte nun ein Plebiszit über die Rückkehr des Königs. Der Bürgerkrieg war nicht mehr aufzuhalten.

Außenpolitisch blieb Griechenland britisches Protektorat. Ab 1947 mischten sich die USA – gestützt auf die Truman-Doktrin – immer stärker in den sich ausweitenden Bürgerkrieg auf Seiten der Rechten ein. Das von den Deutschen verwüstete und ausgeplünderte Land stürzte in neues Elend. Der Bürgerkrieg endete erst im Sommer 1949; die geschlagene Linke floh in die Ostblock-Staaten. Die Rechte konnte ihre Herrschaft bis 1974 fest etablieren; erst die Erschütterung der Zypern-Krise in jenem Jahr führte zur Einführung wirklich demokratischer Verhältnisse. Die Mitglieder des Widerstandes mussten noch bis 1982 auf ihre Rehabilitierung durch die Regierung von Andreas Papandreou warten.[57]

Die Deutschen hatten viele Generationen lang das antike Griechenland, seine Schönheit, seine Kultur und seinen Geist so verehrt wie kein anderes Volk. Sie sprachen von „deutsch-griechischer Seelenverwandtschaft" und von „deutschem Griechenmythos". Mit ihrem von Hitler angezettelten Eroberungs-, Raub- und Vernichtungskrieg hatten sie die griechische Tragödie des 20. Jahrhunderts ganz wesentlich mit verursacht.

Viele deutsche Offiziere und Soldaten, die mit Hitlers Feldzug nach Griechenland kamen, waren „humanistisch" gebildet,

d. h. sie hatten im altsprachlichen Gymnasium die klassischen Sprachen Griechisch und Latein gelernt, hatten Homer, Aischylos, Thukydides, Platon und Aristoteles, um nur einige der antiken Autoren zu nennen, im Original gelesen, und ebenso vertraut waren ihnen die deutschen Klassiker wie Winckelmann, Goethe, Schiller und Hölderlin. Wie fügte sich dieses hohe idealistische Geistesgut mit dem zusammen, was ab 1941 unter der deutschen Besatzung in Griechenland geschah?

Das nationalsozialistische Griechenland-Bild

Die deutschen Klassiker hatten eine „deutsch-griechische Wesensverwandtschaft" postuliert und daraus einen „deutsch-griechischen Geistesbund" konstruiert. Die Nationalsozialisten übernahmen dieses Gedankengut und versuchten es durch Hinzufügen ihrer Rassentheorien noch zusätzlich zu untermauern. Sie behaupteten, dass sich die Wesens- und Geistesverwandtschaft beider Völker aus ihrer „Bluts- und Rassenverwandtschaft" ergebe. Gemäß Hitlers Geschichtsbild, dass die ganze Weltgeschichte eine Abfolge von Rassenkämpfen gewesen sei, bei denen der rassisch Stärkere den Schwächeren besiegt habe[58], hieß das bezogen auf Griechenland: Arische oder nordische Stämme – blonde Achaier (Mykener) und Dorer – waren in den Raum des heutigen Hellas vorgedrungen, hatten die dort lebenden Menschen „niederer Art" unterworfen und die blühenden Hochkulturen erst von Mykene und später von Athen und Sparta begründet. Dann aber hatten sie die „rassische Todsünde" begangen und sich mit den unterjochten Ureinwohnern vermischt, was kulturellen Abstieg und Untergang bedeutete. Diese Missachtung der Gesetze der Arterhaltung – „Aufweichung des Rassenbewusstseins" oder „Entnordnung" nannten das die Nationalsozialisten – sollte in der Zeit des Hellenismus (also in der Zeit vom 3. Jahrhundert bis zu Christi Geburt) stattgefunden haben. So hatten mehrere NS-

Historiker den Gang der griechischen Geschichte gedeutet, vor allem der sehr einflussreiche Hans F. K. Günther in seiner *Rassengeschichte des hellenischen und römischen Volkes*[59].

Die großen Kulturen auf griechischem Boden – Mykene, Athen und Sparta – sollen nach diesem rassenbiologischen Geschichtsmodell also die Leistung nordischer Stämme gewesen sein. Da die Nationalsozialisten sich als Gralshüter der „nordischen Seele" empfanden, liegt der Schluss nahe, den sie aus dieser Annahme zogen: „Griechenlands große Geschichte ist nichts anderes als die Vorgeschichte der Deutschen." Die Nationalsozialisten sahen sich als die „rechtmäßigen Erben der griechischen Hochkultur" an. Das Dritte Reich war in dieser Hinsicht nicht nur die „Wiedergeburt des deutschen Volkes", es war zugleich auch die „Wiedergeburt der Antike".[60]

Aus dieser Annahme ließ sich trefflich propagandistischer Nutzen für das Regime ziehen: Das Stehen in einer solchen Tradition verschaffte dem NS-Staat zusätzliche Legitimation und ließ sogar einen „Schein von Größe" auf ihn fallen. Außerdem ließ sich das „heldische Menschenideal", das die nordischen Eroberer angeblich im Süden gelebt hatten, gut für die Erziehung kommender Generationen nutzen.[61] Vor allem den Soldaten, die nach Griechenland zogen, konnte man den Gedanken einimpfen, dass sie die wahren Nachfahren der alten Hellenen seien und dass die Wehrmacht gewissermaßen gekommen sei, um das angestammte Erbe der Väter in Besitz zu nehmen.[62]

In diesem Sinne arbeitete zunächst auch die deutsche Propaganda in Griechenland. Hitler selbst hatte ja vom „aufrichtigen Mitleid gegenüber den besiegten Griechen" gesprochen und ihnen versichert, dass sie als gleichwertige Partner im neuen Europa angesehen würden.[63] Die deutschen Soldaten wurden in Zeitungen, Zeitschriften, Broschüren und Rundfunksendungen immer wieder gemahnt, das antike Erbe wertzuschätzen und freundschaftliche Gefühle gegenüber den

Neugriechen an den Tag zu legen. Vom Rassenstandpunkt aus gesehen musste es schwer fallen, sich danach zu verhalten, denn mit dem Untergang der „nordischen Hellenen" in der Nachfolge Alexanders des Großen (356-323 v. Chr.) gab es nach offizieller Lehre gar keine „rassenreinen Griechen" mehr. Die biologische Kontinuität sollte ja durch die Vermischung der Völker unterbrochen sein. In den heutigen Griechen sei keinerlei „nordisches Blut" mehr anzutreffen, allerdings hätten sich in einigen Regionen noch „reine Elemente" erhalten, wie auf Kreta etwa „rassische Reste" der Dorer.[64]

Diese These hatte zuerst der deutsche Historiker Jakob Philipp Fallmerayer (1790-1861) aufgestellt. Hans F. K. Günther hatte sie aufgegriffen und behauptet, die Neugriechen seien nicht mehr als bestenfalls die „Spracherben" der alten Hellenen. Slawen, Araber, Türken, Albaner und Römer hätten Griechenland erobert, dort gesiedelt und sich mit den Einheimischen vermischt. Da konnte von der „rassischen Substanz" der alten Hellenen nichts geblieben sein, folgerte Günther.[65]

Trotz dieser griechenfeindlichen Ideologie überwog am Anfang der Besatzungszeit die freundlich-wohlwollende Haltung gegenüber den Griechen.[66] Die Rassenfrage wurde zunächst ausgeblendet. In der Propaganda wurde immer wieder versichert, der Krieg habe nicht ihnen, sondern den Engländern gegolten. Von den Soldaten wurde gefordert, die künstlerischen Hinterlassenschaften der Antike hoch einzuschätzen und mit den Bewohnern des von ihnen besetzt gehaltenen Landes Freundschaft zu pflegen, obwohl persönliche Kontakte untersagt waren.

Im Hintergrund dieser Propaganda war aber immer der nationalsozialistische Anspruch auf das antike Erbe gegenwärtig. Unter Berufung auf die deutschen Klassiker und die große wissenschaftliche Tradition deutscher Hellas-Forschung schrieb ein Soldat in einer in Athen erscheinenden Frontzeitung: „Auf dem Wege, der von Hölderlin über Winckelmann, Schliemann und Burckhardt bis in die Forschungen der Kriegszeit reicht, sind auch die Bausteine des neuen abendländischen Geistes herangetragen worden, der unsere Zukunft prägen wird. So ist uns Nationalsozialisten durch Griechenland Aufgabe und Verpflichtung geworden: alles urgermanische Erbe fruchtbar werden zu lassen in unserer Zeit, für uns und Europa!"[67]

Und im Angesicht der Hakenkreuzfahne, die auf der Akropolis und damit auch über Athen wehte, verstieg sich ein anderer Soldat zu dem Satz: „Mit dem Hakenkreuz auf der Akropolis hat Deutschland den Schutz des griechischen Ahnenerbes im neuen Europa übernommen."[68] Der Nationalsozialismus als Erbe der Antike - diese Botschaft wurde den Soldaten immer aufs Neue eingebleut.

Die Idylle im Zusammenleben mit den Griechen - wenn es denn je eine gab - kühlte aber bald ab. Die Sympathiebezeugungen der Wehrmachtsangehörigen stießen auf wenig Gegenliebe, und das Verhältnis zwischen Besatzern und Besetzten verschlechterte sich jäh, als im Mai 1941 im Gefolge der Luftlandeoperation „Merkur" auch kretische Zivilisten in den blutigen Abwehrkampf gegen die deutschen Invasoren eingriffen und die deutschen Befehlshaber sofort zu den Mitteln Sühnemaßnahmen und Kollektivhaftung griffen. Auch auf dem Festland nahmen die Widerstandsaktionen zu. Immer deutlicher wurde auch, dass die Griechen nichts davon hielten, sich einem von Hitler beherrschten Europa einzufügen.

Diese Entwicklung leitete ein Umdenken bei den Militärs und auch in der Propaganda ein. Die Rassen-Argumente von Fallmerayer und Günther wurden wieder hervorgeholt und verbreitet. Es galt nun wieder, dass in den Adern der heutigen Griechen kein Tropfen vom Blut der antiken Hellenen mehr fließe. In Schulungsschriften des Oberkommandos der Wehrmacht (OKW) etwa hieß es: „dass auf die nordrassische Bevölkerung, die einst die geschichtliche und kulturelle Größe

Griechenlands gestaltete, nur noch geringe Spuren deuteten, und somit Griechinnen wie auch Angehörige der anderen Balkanvölker grundsätzlich nicht umvolkbar" seien, d. h. Eheschließungen mit ihnen waren verboten.[69]

Dem „edlen" nordischen Rassentypus mit seinem „angeborenen" Wahrheits- und Gerechtigkeitssinn sowie seiner Tatkraft wurden in der Propaganda die Griechen nun als „schmutzige, faule und betrügerische" Untermenschen gegenübergestellt, die auf einem erbärmlichen Kulturniveau lebten.[70] Typisch für derartige Ausfälle gegen die Griechen war ein mit „Kampfbericht" überschriebener Artikel eines Soldaten aus dem Jahr 1944: „Ich glaube, dass ein Grieche zehn Juden übers Ohr haut. Das Handeln und Feilschen liegt den Griechen im Blut. Von einer geregelten Arbeit wollen die meisten nichts wissen (...) Nein, dieses Volk hat mit Hellenentum nichts mehr zu tun. Alles, was vor zweieinhalb Jahrtausenden nordisch war, ist tot; Hellas ist nicht mehr. Die Völkerstürme sind über das Land hinweg gebraust und haben das nordische Wesen ausgelaugt. Händlerische Gewinnsucht und orientalische Lebensgesetze beherrschen diese südländische Menschenrasse. Nie wieder werden erhabene Philosophie, Schönheit mit Geist gepaart und heldisches Kämpfertum auf jener, damals so kulturträchtigen Erde entstehen. Hellas und Neugriechenland - welche Gegensätze! (...) Wild blüht der Straßenhandel. Auf Schritt und Tritt werden wir von diesem Gesindel verfolgt. Über all diesem Marktgeschrei und diesem Händlergeist schaut erhaben die Akropolis in die Stadt (...) Wie armselig ist doch dieses Krämervolk da unten! Sie verkaufen billige Massennachbildungen ererbter Kulturdenkmäler, äffen englische und französische Zivilisation nach, weil sie selbst unfähig sind, schöpferisch zu leben. Erst deutsche Forscher und Gelehrte mussten kommen, um die große Kultur der alten Griechen der Nachwelt zu erschließen."[71]

Auch die höheren Militärs nahmen nun kein Blatt mehr vor den Mund. Für General von Le Suire etwa, den „Kampfkommandanten des Peloponnes", der auch das Massaker von Kalavrita zu verantworten hatte, waren die Griechen nur „Nichtstuer, Schieber und Korrupteure". Milde und Mitleid diesem Volk gegenüber, das den Großmut der Deutschen ständig missbrauche, lehnte er entschieden ab. Da er alle flüchtenden Männer für „Banditen" und „Kommunisten" hielt, erließ er den Befehl: „Erschießung einwandfreier Kommunisten kann in beliebiger Zahl erfolgen."[72] Wie man flüchtende Menschen als „Banditen" oder „Kommunisten" identifizieren konnte, sagte der General aber nicht.

Aus der Beschwörung der gemeinsamen Verpflichtung gegenüber den aus der Antike und der deutschen Klassik kommenden Werten und Idealen – der geistigen Einheit des Abendlandes – war ein grausamer Krieg geworden, der nun rassisch begründet wurde. Aus dem Führerhauptquartier und dem Oberkommando der Wehrmacht kam nur noch die Devise: Brutal durchgreifen und alle europäischen Hemmungen abstreifen!

Dies von Blut und Leid gezeichnete Hellas durchreiste der Soldat und Schöngeist Erhart Kästner ab Januar 1942 im Auftrag der Wehrmacht, um Bücher zu schreiben, die der Truppe Land und Leute näher bringen sollten.

Zweites Kapitel

Der „Dichter im Waffenrock" unterwegs in Griechenland und auf Kreta

Der Auftrag

E rhart Kästner hat stets angegeben, dass es ihn als Soldat ganz zufällig nach Griechenland verschlagen habe. Schicksal eben – ein Begriff, der für ihn eine große Rolle spielte. Der junge Bibliothekar von der Sächsischen Landesbibliothek in Dresden hatte dem Zufall in Wirklichkeit ein bisschen nachgeholfen, denn er hatte sich unter dem Druck der Ereignisse gleich in den ersten Kriegstagen im September 1939 freiwillig zu Hitlers Fahnen gemeldet. Mit dem Gefühl, sich dem „Unvermeidlichen nicht entziehen zu können", stellte er am 10. Dezember desselben Jahres auch den Antrag auf Aufnahme in Hitlers Partei. Unter der Mitgliedsnummer 7936245 wurde er bei der Ortsgruppe Dresden der NSDAP registriert.[1]

Dass der Schöngeist Kästner wenig Gefallen fand am eintönigen Soldatenleben bei der Grundausbildung auf dem Kasernenhof von Liegnitz, ist glaubhaft. Aber immerhin machte ihn seine Luftwaffeneinheit zum Unteroffizier und schlug ihn sogar zur Beförderung als Offiziersanwärter vor. Bei einem Termin im Reichsluftfahrtministerium in Berlin sei es um seine

38

Griechisch-Kenntnisse (die er gar nicht hatte) und das Stichwort Dolmetscher gegangen - irgendwie nahm das Schicksal seinen Lauf, und der Soldat Erhart Kästner wurde im Juni 1941 nach Thessaloniki geschickt, wo der Wehrmachtsbefehlshaber Südost seinen Sitz hatte. In der deutschen Kommandantur dieser nordgriechischen Stadt hatte man aber keine Verwendung für ihn - ob mit oder ohne Griechisch-Kenntnisse - und schickte ihn nach Athen, wo er Ende desselben Monats eintraf.

Als Angehöriger der Stabskompanie des Luftgaukommandos Südost mit Sitz in Athen musste er zunächst Büromaterial für die Truppe ausgeben. Er nutzte den Aufenthalt in der griechischen Metropole zur Besichtigung der Sehenswürdigkeiten der Stadt und der näheren Umgebung. über die Ausflüge und seine Eindrücke von Athen schrieb er erste Artikel für dort erscheinende Frontzeitungen.

Eine interessante Tätigkeit fand er in der Psychologischen Eignungsprüfstelle für Luftwaffensoldaten und Piloten. Hier ging es nach Kästners Berichten wohltuend unmilitärisch zu, und er fand hier auch neue Freunde - unter anderen den Maler Helmut Kaulbach. Auf einer Schiffstour zur Insel Ägina entstand der gemeinsame Plan für ein Griechenlandbuch für den einfachen Soldaten. Sie erarbeiteten ein Exposé, das der Leiter der Dienststelle dem kommandierenden General und Befehlshaber im Luftgau Südost/Athen, General Wilhelm Mayer, vorlegte. Der stimmte der Freistellung der beiden Soldaten am 12.1.1942 zu. Kästner hatte nun mit seinem Illustrator Kaulbach ein halbes Jahr Zeit für die Fertigstellung des Buches. Da seine Dienststelle für fliegerpsychologische Eignungstests wenig später ohnehin aufgelöst wurde, konnte er sich ganz seiner neuen Tätigkeit zuwenden, als Soldat gehörte er aber weiterhin dem Luftgaustab Athen an.

Im August 1942 hatte Kästner, der nun mit Kaulbach auf Kosten und mit Hilfe der Wehrmacht das Land bereisen konnte, die Arbeit am Manuskript für *Griechenland* (sein erstes Buch über Hellas) abgeschlossen. Kästner reiste mit seinem Werk nach Deutschland, wo der Gebrüder-Mann-Verlag in Berlin das Buch im Auftrag des Luftgaukommandos Südost drucken sollte. Vorher hatte es noch die Zensur zu passieren. Beim Oberkommando der Wehrmacht beurteilte man es als „herrlich" und erklärte in einem Brief an das Reichsministerium für Volksaufklärung und Propaganda von Josef Goebbels am 29.9.1942: „Eine baldige Veröffentlichung ist erwünscht!"[2] Kästner selbst schrieb stolz: „Bis ins Führerhauptquartier ging es. Es ist gut beurteilt worden" – außer einer belanglosen Stelle, wo sich der Autor abfällig über die mit den Deutschen verbündeten Italiener geäußert hatte.[3] Am 6.10.1942 stellte Kästner den Aufnahmeantrag bei der Reichsschrifttumskammer.[4] Die verlangte im Mai 1943 wegen der großen Nachfrage die Herausgabe des Buches auch für die zivile Öffentlichkeit. Was auch geschah, nachdem die Luftwaffe im April 1943 eine zweite Auflage von 10 000 Exemplaren bestellt hatte. Die erste Auflage hatte 5000 betragen, und Kästner war mit den riesigen Buchpaketen zurück nach Athen gereist, wo die Bücher an die Truppe verteilt wurden.

Kästner selbst hat die Geschichte seiner Ankunft in Griechenland, wie das Militär so recht keine Verwendung für ihn hatte und wie er schließlich für die Wehrmacht auf Reisen ging, später in *Ölberge. Weinberge*, das nach dem Krieg als umgeschriebene Fassung aus Griechenland hervorging, sehr humorig, launig und mit viel Ironie beschrieben – als wäre es um eine amüsante Ferienreise gegangen und nicht um einen hochpolitischen Propagandaauftrag. Wie ein sich dumm stellender, in Wirklichkeit aber höchst cleverer und gewiefter Soldat Schwejk will er der ganzen Wehrmachtsführung in Griechenland ein Schnippchen geschlagen haben. Er schreibt: „So waren wir denn dem Untier Militarismus auf Haupt und Schultern geflogen und genossen die Aussicht von Herzen."[5]

Und: „Hatte ich während des Krieges das Unwahrscheinliche durchgesetzt, auf eigene Faust meine eigenen Wege zu gehen."[6]

Diese Selbstdarstellung gehört zu den vielen Lebenslügen des Schriftstellers Erhart Kästner. In Wirklichkeit war er ein bestallter Wehrmachts-Autor, ein NS-Auftragsliterat oder ein „wahrer Arno Breker der Feder" geworden, wie der Historiker Hagen Fleischer ihn genannt hat.[7] Denn natürlich hatte Kästner sich an die Propagandavorgaben der Wehrmacht zu halten, die ein der NS-Geschichtsdarstellung entsprechendes Griechenlandbild vorschrieben, das vor allem der „aus gemeinsamen Wurzeln" stammenden Antike Hochachtung entgegenbringen sollte. Und auch bei der Beurteilung der Neugriechen war er nicht frei. Kästner hat sich auch hier an die Auflagen seiner Auftraggeber gehalten.

Vor allem hatte sich der angehende Schriftsteller in die direkte Abhängigkeit von Hitlers Generälen begeben, die nun seine Mäzene waren, indem sie mit allen ihnen zur Verfügung stehenden Mitteln die Entstehung seiner Bücher förderten. Namentlich sind die Generäle Wilhelm Mayer, Wilhelm Speidel, Martin Fiebig, Bruno Bräuer und Ulrich Kleemann zu nennen. Kästners Buch *Griechenland* ist die Widmung vorangestellt: „Dieses Buch entstand im Sommer 1942 im Auftrag des Kommandierenden Generals im Luftgau Südost, General der Flieger Mayer, und erschien zunächst in einer nichtöffentlichen Auflage für die deutschen Truppen im Südosten zu Weihnachten 1942. Der Verlag"[8]

Als *Griechenland* erschienen war, wurde Kästner zum begehrten und umworbenen Mann in höheren Offiziers- und Diplomatenkreisen. Es hagelte Einladungen zu Essen und Partys. Der befehlshabende Admiral Ägäis, Erich Förste, lud ihn zum Dinner mit anschließender Schnellbootpartie ein. Auch auf eine Autofahrt durch Attika nahm ihn der Admiral mit. Eine private Einladung beim Befehlshaber Südgriechenland, Wilhelm Speidel, empfand Kästner als „ungezwungen und unterhaltsam".[9]

Aus all dem geht nicht hervor, dass Kästner in irgendeiner Weise sein Soldatsein verleugnet hat oder dass es ihm irgendwie unangenehm war. Auf Fotos aus dieser Zeit wirkt er in seiner Uniform sehr forsch, zackig und stramm. Auch sonst hat ihn die Uniform wohl wenig gestört. Immer wieder hielt er als „Dichter im Waffenrock" Lesungen ab – eine Rolle, die ihm wie auf den Leib geschnitten war.

Begegnung mit Griechenland im Krieg

Als Erhart Kästner 1941 auf der Fahrt von Thessaloniki nach Athen Thessalien durchquert, musste am Fuße des Olymp ein Gegenzug auf der eingleisigen Strecke halten. Die Szene, die er nun beschreibt, fasst all das zusammen, was dieser deutsche Wehrmachtsautor über Griechenland, den Krieg und sein politisch-historisches Weltbild zu sagen hat. Es sind die – sicher mit Bedacht gewählten – einleitenden Abschnitte seines *Griechenland*-Buches:

„An dieser Stelle unserer Fahrt begegneten wir einem Zug, der nordwärts fuhr und auf einer Ausweichstelle der eingleisigen Strecke unser wartete. Es waren Männer von Kreta, die von dort kamen und nun einem neuen Ziel und einem neuen Kampf entgegengingen. Unser Zug schob sich langsam an der nachbarlichen Wagenreihe entlang. Auf den offenen flachen Eisenbahnwagen standen fest vertäut die Geschütze, die Kraftwagen und die Räder, von Staub überpudert und deutlicher von den überstandenen Strapazen redend als die Männer. Darauf und dazwischen saßen, standen und lagen gleichmütig die Helden des Kampfes, prachtvolle Gestalten. Sie trugen alle nur die kurze Hose, manche den Tropenhelm, und blinzelten durch ihre Sonnenbrillen in den hellen Morgen. Ihre Körper waren von der griechischen Sonne kupferbraun gebrannt, ihre Haare weißblond.

Da waren sie, die ,blonden Achaier' Homers, die Helden der Ilias. Wie jene stammten sie aus dem Norden, wie jene waren sie groß, hell, jung, ein Geschlecht prahlend in der Pracht seiner Glieder. Alle waren sie da, der junge Antenor, der massige Ajax, der geschmeidige Diomedes, selbst der strahlende, blondlockige Achill. Wie anders denn sollten jene ausgesehen haben als diese hier, die gelassen ihr Heldentum trugen und ruhig und kameradschaftlich, als wäre es weiter nichts gewesen, von den Kämpfen auf Kreta erzählten, die wohl viel heldenhafter, viel kühner und viel bitterer waren als alle Kämpfe um Troja. Wer auf Erden hätte jemals mehr Recht gehabt, sich mit jenen zu vergleichen als die hier – die nicht daran dachten. Sie kamen vom schwersten Siege, und neuen, unbekannten Taten fuhren sie entgegen. Keiner von ihnen, der nicht den Kameraden, den Freund da drunten gelassen hätte. Um jeden von ihnen schwebte der Flügelschlag des Schicksals. Es wehte homerische Luft.

Die griechischen Eisenbahnen besitzen eine Leidenschaft für längere Aufenthalte, und so schienen sich auch unsere beiden Züge zu einer ausgiebigeren Rast anzuschicken. Wir kamen von Wagen zu Wagen ins Gespräch. Sie erzählten, wir lauschten. Bald aber stiegen ein paar aus, und zwei, drei liefen ans Wasser hinunter, um in Eile hineinzutauchen. Und nun öffneten sich auch bei uns die Abteile, immer mehr kletterten von den Wagen und rannten in vollem Lauf über den weißen Strand ins köstliche, blinkend blaue Meer. Und als ob ein geheimes, der Landschaft innewohnendes Gesetz es so wollte, fiel es kaum einem ein, die Badehose, das Abzeichen christlich-neuzeitlicher Körperscham, zu tragen. Unversehens ergab sich ein völlg klassisches Bild. Sprühend im Licht dieses Morgens und im Glanz ihrer jungen Nacktheit tummelte sich die Schar dieser Eroberer am fremden Meer, und es schien so, als sei ein verloren geglaubtes, unsterbliches Geschlecht wiedergekehrt und habe mit Selbstverständlichkeit Besitz genommen von diesem Ufer, oder als seien sie immer da gewesen und der Götterberg habe nie auf andere niedergeblickt als auf sie."[10]

Eingebettet sind diese Sätze in ein mythisches Umfeld. Denn auf diesem selben Strand soll einst – fügt Kästner hinzu – die schöne Königstochter Europa mit ihren Freundinnen gespielt haben, als Zeus sich in der Gestalt eines jungen weißen Stieres lustig und drollig sich gebärdend ihr näherte. Sie machte den Spaß mit, bekränzte das Tier mit Blumen, schwang sich auf seinen Rücken, was der Stier zum Anlass nahm, mit seiner schönen Beute über das Meer das Weite zu suchen.

Es soll nach Kästner auch der Strand gewesen sein, zu dem einst der Götterbote Hermes mit seinen goldenen Schuhen über das Wasser kam. Denn hier wohnte die Göttin Kalypso, die den trojanischen Helden Odysseus bei sich beherbergte, den sie über alles liebte. Hermes befahl ihr, ihn ziehen zu lassen, worüber sie in tiefe Verzweiflung verfiel. Hier soll auch Herakles mit dem schlangenartigen Meerungeheuer Triton gekämpft haben, weil er von diesem Dämon der Tiefe wissen wollte, wo er die Äpfel der Hesperiden finden konnte.[11]

Diese Beschreibungen des mythischen Ortes, wo die Begegnung mit den deutschen Soldaten stattfand, sind keineswegs Beiwerk. Sie haben eine wichtige Funktion: Die von Kreta kommenden Männer werden direkt in den antiken Mythos mit einbezogen, werden Teil von ihm – ja, zwischen den Helden Homers und diesen kühnen Kriegern gibt es keinen Unterschied, letztere sind die würdigen Nachfolger und Vollender der Taten Achills, Ajax' und Antenors. Sie entstammen ein und demselben Geschlecht. Was Kästner damit sagen will, geht aber noch weit über eine Identität mit dem Mythischen hinaus. Er formuliert damit eine Propaganda-Rechtfertigung für Hitlers Krieg in diesem Land: Die nordischen Helden, die jetzt gekommen sind, Hellas zu erobern, hatten das Recht dazu, weil nordischen Stämmen und Geschlechtern dieses Land immer gehört hat.

Selbst die Kästner-Biographin Julia Freifrau Hiller von Gaertringen, die ihrem Autor sonst überaus gewogen ist und sich mit

Kritik sehr zurückhält, muss an dieser Stelle anmerken: „Das Buch (*Griechenland*) wird an den Stellen problematisch, an denen Kästner das rassenbiologische Geschichtsbild aufgreift, um damit letztlich den deutschen Überfall auf Griechenland ideologisch zu legitimieren. Hier werden auf subtile Art Beziehungen zwischen der Antike und der Gegenwart hergestellt, die auf eine Idealisierung des nationalsozialistischen Krieges zielen.“[12] Kästner hat nach dem Krieg keine Skrupel gehabt, die ihn belastenden Sätze so umzuarbeiten und ins Harmlose zu verkehren, als habe es sich da um eine Art fröhlichen Schulausflug gehandelt.

In *Ölberge. Weinberge* liest sich das so: „Frühjahr 1941. Von der Fahrt nach Athen wird mir ein Morgenbild immer in Erinnerung sein. Unser Züglein lief eine köstliche Weile am Meer entlang. Auf der Landseite wölbten sich die blauen Massen des Olymps empor. Zwischen dem Gleis und dem Ufer war ein Streifen blenden weißen Kieselgerölls; der Saum der heiligen Flut war nur einen Steinwurf entfernt. Das Element war an diesem Morgen so jung, als sei es soeben erschaffen; es war, von Glanz überlaufen, seliger als man es in den Träumen erblickt. An einer Ausweichstelle der eingleisigen Strecke wartete ein entgegenkommender Zug. Unsere Wagenreihe schob sich langsam an der anderen entlang. Es waren Fallschirmjäger von Kreta und eine Flakbatterie; auf den flachen Eisenbahnwagen standen vertäut die Geschütze, überpudert von Staub, darauf und dazwischen standen und saßen die Kämpfer, kurze Hose, Sonnenbrille und Tropenhelm. Ihre Körper waren in den wenigen Tagen kupfern gebrannt, ihre Haare weißblond.

Da die griechischen Bahnen eine Leidenschaft für Aufenthalte besitzen, entstand eine Rast. Man kam von Zug zu Zug ins Gespräch. Bald aber kletterten einzelne, dann mehrere von den Wagen herunter, rannten über die Kieselfläche zum Ufer hinab und in die aufsprühende Salzflut hinein. Und was sich in der nördlichen Heimat keiner hätte einfallen lassen, alle verschmähten das Abzeichen neuzeitlicher Körperscham, die Badehose, zu tragen. In junger Nacktheit tummelte sich am Fuß des Olympos die landfremde Schar, und unversehens wehte homerische Luft. Mit Ahnungslosen malte die Landschaft sich ein Erinnerungsbild."[13] Nun waren aus den kühnen Helden von Kreta, den „prachtvollen blonden Achaiern Homers", auf einmal „Ahnungslose" geworden.

Kästner hat den nationalsozialistischen Krieg immer wieder in den antiken Mythos eingebettet, um Hitlers Eroberungspolitik zu legitimieren. Einen Stuka-Bomber-Piloten, der sicher viele Male seine furchtbare Fracht auf griechische Ziele abgeworfen hatte und über dem Golf von Itea bei Delphi abgeschossen wurde, verklärte er auch zu einem mythischen Wesen. Er sah vom Ufer aus die Reste des Flugzeugwracks im Wasser und gedachte des Helden: „In den letzten Tagen des griechischen Feldzuges wurde eine deutsche Maschine über dem Golf von Itea von der feindlichen Flak getroffen. Sie stürzte ins Meer, nahe dem Hafen von Kirrha, und dort liegt sie auch heute noch, etwa zwanzig Meter vom Ufer weg, acht Meter tief. Bei ruhiger See sah man vom Boot aus Rumpf und Tragflächen in der klaren blauen Flut. Nur einen Mann der Besatzung gab das Meer heraus; es ist der Feldwebel, der bei Itea liegt. Dort harrt er der Kameraden, die wie Ikaros zur Sonne flogen, wie Ikaros stürzten und nun wie Ikaros noch immer unbestattet im Meer treiben müssen."[14] Noch mehr in mythisch-ideologisches Schwärmen gerät Kästner in Sparta – einem Ort, wo die Nationalsozialisten ihre Idee vom totalitären nordischen Rassenstaat vorweg genommen sahen und auf den sie sich immer wieder beriefen, um ihr eigenes Modell historisch zu rechtfertigen. Von Hitler selbst und der SS-Elite sind viele Äußerungen über Sparta überliefert. Diese dorische Gründung mit ihrer klaren Trennung von Herren und Sklaven, mit ihrem Gemeinschaftsethos, dem Gleichheitsgrundsatz, dem gelebten Führerprinzip und einer permanenten Wehrbereitschaft erschien den NS-Ideologen als realisierter Ideal-staat.[15] Als Goebbels die Stadt am Taygetos 1936 besuchte, fühlte er sich – fast zweieinhalb Jahrtausende nach dem Untergang der Polis – „wie in einer deutschen Stadt".[16]

Daran konnte Kästner anknüpfen. In seiner Diktion unterscheidet er sich kaum von obersten Propagandisten des Reiches. Sparta war ein idealer Ort für ideologische Spekulationen, denn hier befand sich einst nicht nur der „ideale Rassenstaat", sondern hier bauten im Mittelalter fränkische Kreuzritter – also auch Eroberer aus dem Norden – ihre Burg auf einem Ausläufer des Taygetos, auf der dann Goethe seine Hochzeit zwischen Faust und der spartanischen Königin Helena stattfinden lässt – als Symbol für die deutsch-griechische Vereinigung. Kästner schreibt: „Die dunkle Romantik, die darin liegt, dass wieder einmal Nordmänner das südliche Land überzogen und hier als Herren eine märchenhafte Macht und Pracht errichteten, die zwar nur kurz, aber glanzvoll aufschäumte, hat die Phantasie der griechenlandsehnsüchtigen Deutschen seit langem erregt. Man weiß, wie mächtig Goethe zu seiner Zeit von dem Symbolhaften dieses Vorganges erschüttert war.

> In Stahl umhüllt, vom Stahl umwittert,
> die Schar, die Reich um Reich zerbrach,
> sie treten auf, die Erde zittert,
> sie schreiten fort, es donnert nach.

Hinter den Glanz dieser Fauststrophe schiebt sich uns heute noch einmal ein neuer Sinn, der sie gleichsam aufs neue durchscheint. Als ob sie den Frühlingstagen des Jahres 1941 gälte, in denen das Schicksal ans Erz der Namen Thermopylen, Olymp, Isthmus, Korinth wiederum mit mächtigem Hammer schlug."[17] Der deutsche Überfall auf Griechenland hatte weniger etwas mit militärischer Aggression oder imperialistischen Absichten zu tun, will Kästner hier sagen, sondern mit Schicksal - Hitler hatte immer von Vorsehung gesprochen. Und Schicksal dieses Landes war es offenbar - so ist Kästner zu verstehen -, immer wieder von „nordischen Herrenvölkern" erobert zu werden.

Kästner weiß, ganz im Sinne seiner Auftraggeber, über Sparta aber noch mehr zu sagen. Der mythische Gedanke des „Blutes" - auch ein wichtiger und weit verbreiteter Begriff der NS-Ideologie - muss es dem Autor damals angetan haben, denn er konstatiert: „Gutes Blut hat ein Volk dann, wenn es möglichst viele ‚Wehrfähige' aufweisen kann", also ein „Volk in Waffen" ist. über die von den Dorern abstammenden Spartaner schreibt er: „Natürlich ist blutsmäßig von den alten Griechen verdammt wenig geblieben im heutigen Hellas. Es ist eine Sentimentalität, wenn man dies nicht wahr haben will. Denn schon im Altertum wurde das griechische Blut selten, man weiß ja, wie zum Beispiel in Sparta schon in den Spätzeiten des Griechentums das gute Blut zu versickern begann, von Jahrhundert zu Jahrhundert und Schlacht zu Schlacht konnten die Spartaner weniger Wehrfähige entsenden."[18]

Kästner wendet hier das rassenbiologische Geschichtsbild der Nationalsozialisten auf die Spartaner an: Ihr Untergang war besiegelt, als sie ihr System der Rassentrennung durchbrachen und sich mit Fremdvölkern vermischten. Von diesem Augenblick an musste sich auch ihre Wehrkraft zersetzen.

Hochachtung hat Kästner auch vor den Frauen dieses griechischen Staates: „Sparta war übrigens in anderem Sinn dazu berufen, Helenas Heimat zu sein. Denn Sparta galt immer als das Land der schönsten griechischen Frauen, was natürlich mit der sorgfältig gewahrten Rassenreinheit des dortigen Adels zusammenhängt. Da die Lakedämonerin als groß, blond und blauäugig überliefert wird, muss man sich Helena ebenso denken."[19]

Dass alles Griechische eigentlich aus dem Norden stammt, kann Kästner auch an so berühmten Vorklassik-Orten wie Mykene und Tyrins feststellen. Denn auch die archaischen

Griechen (die Mykener), die ihre Trutzburgen aus gewaltigen Zyklopensteinen errichteten, waren Einwanderer aus dem Norden: „Es [Mykene] ist ein richtiges Felsennest, in dem sich die Nordmänner, die hier einst eindrangen, so heimatlich nördlich einrichteten, wie es im Süden eben möglich war."[20]

Auch im von hier nicht weit entfernten Tiryns - eine Zyklopenburg, die in der Ebene von Argos liegt - spürt er noch den Atem der nördlichen Ahnen: „Es ist nicht schwer, sich die Burg mit jenen Frauen und Männern zu beleben, die mitten in der nördlich-heimatlichen Rauheit der Burgen ein fremdartig südliches Gehabe annahmen."[21]

Wenn alles Griechische in diesem Land nordischen Ursprungs ist, dann gilt das natürlich auch für das klassische Hellas der Athener. Als Kästner von Piräus über den Saronischen Golf nach Salamis übersetzt und der welthistorischen Seeschlacht gegen die Perser im Jahr 480 v. Chr. gedenkt, die die Griechen unter der Führung des Themistokles (525-460 v. Chr.) hier vernichtend schlugen, da fallen ihm die versöhnlichen Verse des Dichters Aischylos (525-456 v. Chr.) aus dessen Tragödie *Die Perser* ein, die er gegenüber den besiegten Feinden fand: „Es spielt sich auf persischer Seite alles menschlich, groß und vornehm ab. Ja, eine brüderliche Menschennähe ist der Ton des ganzen Werkes, und zum überraschenden Beweis, wie nah verwandt sich die Griechen den Persern fühlten - sich der gemeinsamen aristokratischen nordischen Abkunft noch klar und wohl bewusst - stehen in dem großartigen Traumgesicht der Königin Mutter die Verse: ‚Mir war's, als sähe ich zwei schöngewandige/ Jungfraun, die eine reich geschmückt im Perserkleid,/ die andre in der Dorer Tracht, vor meinem Blick/ fehllos an Schönheit: beide Schwestern eines Stammes.'"[22] (bei Kästner zur Hervorhebung kursiv gedruckt)

In Griechenland ist aber nicht nur die Geschichte „nordisch" oder „deutsch", sondern auch die Landschaft, und deshalb kann sich jeder Deutsche - vor allem jeder Soldat - so zu

Hause wie in der Heimat fühlen. Griechische Landschaft ist für Kästner nichts weiter als die Wiederkehr des Heimatlich-Nördlichen im Süden. Die Beispiele, die er nennt, sind so zahlreich, dass sie kaum zu überschauen sind: Er vergleicht den Hymettos mit dem Riesengebirge und der Röhn, den Parnass mit Tirol, die Argolis mit dem Inntal, Athen mit München und Berlin, den Zea-Hafen von Piräus mit Friedrichstadt oder Husum, das Chelmos-Gebirge mit dem Schwarzwald, das Tempetal mit dem oberen Donautal.[23]

Heimatglück pur erlebt er vor allem in Olympia: „So deutsch es in Griechenland sein kann, so deutsch war es hier. Aus den Feldern stieg Feuchte auf. Es war, als wären wir mit einem Male irgendwo in der Heimat."[24] Und: „Kein Deutscher braucht in Olympia etwas dazu zu lernen. Alles ist da, alles mitgebracht, längst erlebt, längst gewusst, urvertraut."[25] Aus innigem Heimatgefühl, das Kästner in Griechenland so intensiv empfindet, leitet sich natürlich auch so etwas wie Heimatrecht ab, das mit der nordischen Herkunft der Hellenen zusammenhängt. Auch die gefühlvollen Landschaftsschilderungen verfolgen also die klare Absicht, der deutschen Invasion eine Rechtfertigung zu geben.

Kästner schließt sein Buch *Griechenland* mit den pathetischen Worten: „Nicht Südliches schlechthin, sondern Nördliches im Süden: das eben ist Griechenland. Immer wieder kann sich der Deutsche an Heimatliches erinnert fühlen, sei es unter den Tannen des Parnass oder an einem Abend auf dem Pentelikon, wenn der Wind Herdengeläut und den Geruch von Holzfeuern herzutreibt. Die beiden heiligsten Stätten der Griechen, Delphi und der Olymp, muten am nördlichsten an. Delphi: ein Hochalpental. Der Olymp: ein Nordberg. Es ist als ob ferne Erinnerungen nachklängen, Erinnerungen eines in den Süden verschlagenen, im Süden glücklich gewordenen Volkes, das dennoch im tiefen Grunde seines Herzens ein Heimweh nach Norden nicht verlor."[26]

Wenn alles Griechische - die alte Kultur, die Landschaft - so identisch mit dem „Nordischen" und dem „Deutschen" ist, dann stellt sich die Frage, wie Kästner zu den modernen Griechen stand, mit denen er es während des Krieges zu tun hatte. Sein Urteil ist - auch wenn es freundliche Sätze gibt - überwiegend von Ressentiment und Verachtung geprägt. Schon das äußere Bild der Städte und Dörfer flößt ihm Ekel und Abscheu ein: Athen - eine Stadt ohne Maß und Form, ohne Grenzen und Bändigung, seine Vorstädte „Häusergewimmel ohne Ende. Häuser? Hütten sind es, lieblose und schmutzige Lehmbuden an Straßen, die keine Straßen sind, bloße Feldwege mit Felsbrocken und Schwemmschutt. Ein melancholisches Durcheinander. Barbarei auf heiligem Boden."[27]

Überall nur Dreck, Verwahrlosung, Gleichgültigkeit, Treibenlassen und Rückständigkeit.[28] In Piräus sieht er nur „unbeschreiblichen Schmutz, verfallende Buden neben sechstöckigen Reedereien und Hotels, die so geschmacklos gebaut sind, dass ein Hund jaulen möchte, Armut und zerlumpte Menschen, ein Heer von Hungernden und Bettelnden, Straßenlärm und ein fürchterliches Gedränge, Händler, die in langen Reihen an wackligen Tischchen am Bürgersteig stehen und Kümmerlichstes ausschreien - und über alledem, besonders im Sommer, ein schlimmer Gestank."[29] In der Provinz sieht es nicht anders aus: „Alles nur gottverlassene Nester von grotesker Hässlichkeit. Sie liegen in der göttlichen Landschaft wie Kehricht im Winkel."[30] Das ganz Volk ist dort „bettelhaft" gekleidet und seine Art zu bauen trägt von vornherein „Verfall, Tod und Verwesung im Geblüt".[31]

Kästner registriert, dass Nichtstun und Faulsein „die griechischen Nationalleidenschaften" sind.[32] Als Ursache macht er aus: „Es muss mit ihrer Mischrasse zusammen hängen", denn im Zusammenhang mit den Spartanern hatte er ja festgestellt, dass „blutsmäßig von den alten Griechen verdammt wenig oder nichts übrig geblieben ist im heutigen Hellas".[33] An andrer Stelle wird er noch deutlicher: In einer Athener

U-Bahnstation entdeckt er eines Tages ein kleines, vielleicht fünf Jahre altes Mädchen, dem die goldblonden Locken unter dem mit Band und Schleife verzierten Hütchen hervor quollen. Ihre Augen beschreibt er so „grau wie die Nordsee und so frisch wie der Wind, der über die Marschen läuft", dazu habe sie ein bezauberndes Stupsnäschen und ein paar niedliche Sommersprossen. Sie trage ein braunes Flauschmäntelchen mit gepufften Ärmeln. „Mein Gott, wo kommt das Kind her? Hier mitten unter den kleinen Lemuren und Affengesichtern?", fragt Kästner. Damit sind ganz eindeutig die Griechenkinder gemeint. Zur Erläuterung: Lemuren waren in der römischen Religion die Seelen der Toten, die als nächtliche Gespenster umherirrten.

Er spricht die Kleine an und erfährt, dass sie aus Dänemark kommt und Anna Petersen heißt. Ihr Vater sei Schiffskoch, sagt sie, und mit dem sei sie hier. Und sie wollten nach Ägina. Die Erscheinung dieses kleinen blonden Mädchens muss Kästner wie eine Offenbarung die ganze Rückständigkeit und das ganze Chaos, wie er es sah, erklärt haben. Er folgert aus diesem Erlebnis: „Man soll sich nicht irremachen lassen. Woher auch die alten Griechen gekommen seien mögen: dies war ihr Blut. Mit beiden Beinen fest auf der Erde und ums Haupt ein höheres Geleucht. Rein, sauber und klar: die weißen Götter."[34]

Ein klares Bekenntnis zur Überlegenheit der weißen Herrenmenschen und ihrer Rasse. Da Kästner an mehreren Stellen in *Griechenland* von den Vorzügen „deutscher Ordnung" spricht, darf man nicht ausschließen, dass er mit seiner Verachtung für die griechischen Menschen nicht nur der NS-Rassenideologie Tribut zollte, sondern in den chaotischen Zuständen des Landes eine weitere Rechtfertigung für die Invasion sah. Nach dem Motto: Deutsche Ordnung kann hier nicht schaden.

In *Ölberge. Weinberge* beschreibt Kästner noch einmal das Erlebnis mit der kleinen Dänin Anna Petersen. Fast wörtlich.

Nur die rassistische Schlussfolgerung ist weggefallen, die Episode endet jetzt ganz harmlos: „Von Äginas Inselgöttin, der Nymphe Aphaia, weiß man nichts Rechtes zu sagen. Vielleicht gehört ihr der Tempel, der die Insel so beliebt und bekannt gemacht hat, vielleicht nicht; die Archäologen verleihen die Heiligtümer freigebig wie Fürsten, ziehen sie aber auch geschwind wieder ein. Wie dem auch sei, für mich sieht die Nymphe Aphaia für immer wie Anna Petersen aus."[35]

Es gab eine Menschengruppe, die Kästner von seinem schlechten Urteil über die Griechen ausnahm: die Hirten. Denn sie hatten mit dem Gewimmel und Gewühle der bettelnden Gestalten auf den Plätzen und in den Straßen und mit Griechenlands verfallenden und stinkenden Städten nichts zu tun. In der Einsamkeit und Abgeschiedenheit ihrer Berge lebten sie noch so archaisch und idyllisch wie ihre Vorfahren vor Jahrtausenden an denselben Orten. Kästner sah in ihnen – ganz romantisierend – „Ur-Menschen", die einzigen überhaupt, die in ihrer absoluten Zeitlosigkeit auf mystische Weise den direkten Kontakt mit Hellas' großer klassischer Zeit hatten, auch wenn ihnen das nicht bewusst war. „Hirten Griechenlands! Es will mir scheinen, als ob hier, vielleicht bei euch allein, das heilige Feuer von einst von Mann zu Mann weitergereicht worden ist und immer noch glimmt!"[36]

Für Kästner waren diese bitter armen Viehhüter in den Bergen darüber hinaus das ideale Gegenbild zum Zivilisationsmenschen der Moderne: „Sie haben Zeit. Das Leben geht ihnen vorbei wie ein Lied. Sie haben nichts zu erreichen. Was das Leben ihnen schenkt, schenkt es ohne ihr Zutun. Der Ehrgeiz hat keine Macht über sie." Vor allem aber: „Weil sie arm sind, können sie schenken und deshalb kann Güte wie Göttliches aus ihnen quellen: Sie sind Mönche, ohne deren Fanatismus, und Heilige, ohne deren Sündlosigkeit. Ihr Köstliches ist ihre brüderliche Menschennähe."[37]

Die Hirten waren für Kästner offenbar das Einzige, was vom alten, untergegangenen Griechenland geblieben war. In Kreta schrieb er: „Armes Griechenland! Du bist wohl nichts als die ehrwürdige Schlacke, die uns noch blieb von dem großen heiligen Feuer, das hier einstmals der Menschheit gebrannt hat. Das ist es, was wir noch haben an dir. Nun gehst du im Armenkleide und ziehst dein eigenes Totenhemd hinter dir her, die lange Schleppe eines Lebens nach dem Leben."[38]

Kästner hat später versucht, sein vernichtendes Urteil über die modernen Griechen zu revidieren. Hatte er zuvor jede historische und „blutsmäßige" Kontinuität zwischen den Griechen und ihren antiken Vorgängern bestritten und sie als „Levantiner" und „schwärzlichen Pöbel"[39] bezeichnet, sieht er später gerade in den einfachen Menschen eine archetypische Welt mit archaischen Lebensformen, deren „Ur-Kraft"[40] das Griechentum – wenn auch mit einem völlig ahistorischen Bewusstsein – über die Jahrtausende gerettet habe.

· Nach dem Krieg schrieb er scheinbar kritisch: „In der Tat war es widerwärtig, anhören zu müssen, wie sich, einer damals oder immer herrschenden Geistesverfassung gemäß, jeder dieser hergelaufenen Tüchtigen überhob und sich in Beschimpfungen des faulenzenden und betrügenden Südvolkes erging, ohne zu ahnen, dass jeder einzelne Grieche so viel uralte Erfahrung im Blute besitzt, dass es sich sehr wohl empfahl, etwas davon zur Kenntnis zu nehmen. Aber was kommt schon dabei heraus, wenn sie alle in fremde Länder zu reisen anfangen! Nichts. Sie tragen ja doch wie die Zinnsoldaten ihr bisschen Standort mit sich herum!"[41] Dem hielt der Historiker Hagen Fleischer entgegen: „Bravo! Nur an dem ‚Zinn' für diese Soldaten hat der ‚Überbau'-Soldat Kästner mitgegossen!"[42]

Kreta

Am 6. August 1943 kam Erhart Kästner in Kreta an, um hier seine literarische Auftragsarbeit für die Wehrmacht fortzusetzen. Zunächst war ein Buch über die griechischen Inseln geplant, einschließlich Kreta. Dieses Vorhaben ließ sich aber nicht realisieren, und *Kreta* wurde ein eigenes Buch.

Bereits einen Tag nach seiner Ankunft empfing ihn der mächtige Kommandant der „Festung" Kreta, General Bruno Bräuer. Kästner schrieb nach dem Treffen an seine Mutter: „Ich war [von ihm] lange erwartet. Als ich sagte, ich wollte acht Wochen bleiben, war er beinahe gekränkt. Er will, dass ich länger bleibe. Von mir aus. Es wird sich entwickeln."[43] Der General ließ für Kästner eine Bescheinigung ausstellen, in der es hieß: „Uffz. Kästner ist bei seiner Aufgabe im Rahmen der verfügbaren Möglichkeiten in jeder Weise zu unterstützen. Es ist ihm geeignete Unterkunft, in der er arbeiten kann, zu gewähren, er ist zu verpflegen und es ist ihm durch Mitnahme in Pkws, Lkws, durch Gestellung von Maultieren und ev. nötiger Begleitung zu ermöglichen, seine Marschziele zu erreichen."[44]

Es sei hier angemerkt, dass es dieser General war (sowie sein Vorgänger Kurt Student und sein Nachfolger Walter Müller), der für das Schreckensregiment der deutschen Besatzung auf der Insel verantwortlich war: Einführung der Arbeitspflicht, Geiselnahmen, Kontributionszahlungen, Massenerschießungen, Zerstörung und Niederbrennen von Dörfern sowie die Einrichtung und Unterhaltung des Konzentrationslagers Agiá. Auch Frauen und Kinder wurden nicht geschont, da alle Zivilpersonen als „Partisanen" und „Kommunisten" verdächtigt wurden. General Bräuer war es auch, der im Mai 1944 die Juden Chanias zusammentreiben und sie auf den Frachter „Danais" verbringen ließ, der dann in der Ägäis versenkt wurde. Beide Generäle wurden 1945 in Athen als Kriegsverbrecher zum Tode verurteilt und hingerichtet.[45]

Der Partisanenkrieg war, als Kästner in Kreta eintraf, in vollem Gange. Er hatte gleich nach dem deutschen Überfall durch die Fallschirmjäger begonnen. Der Widerstand der EDES-(National-republikanischer Verband) und EAM-Partisanen (Nationale Befreiungsfront) hatte sich längst formiert. Das Dorf Kandanos war schon im Juni 1941 zerstört worden, 300 Bewohner wurden erschossen, es folgten die Orte Skines (114 Tote) und Alikianos (108 Tote). Die schwere Hungersnot im Winter 1941 in ganz Griechenland wirkte sich auch in Kreta aus. Am 3. November 1942 war der Befehl ergangen: „Die Truppe ist bewusst immer wieder zur Härte und Rücksichtslosigkeit zu erziehen. Es wird dadurch nur deutsches Soldatenblut gespart."[46] Die Zugehörigkeit zu kommunistischen Organisationen wurde unter Todesstrafe gestellt. Im September 1943 – also einen Monat nach Kästners Ankunft – wurden die Orte Kato-Symi, Pevki und Ano-Viannos zerstört – 440 Kreter wurden erschossen.

Aber der „Dichter im Waffenrock" bemerkte von alledem angeblich nichts. Er durchwanderte die Insel (teilweise mit Esel) und entdeckte ihre Schönheiten, als liege Kreta in tiefstem Frieden: „Die Insel, die die älteste ist und gleichsam der Anbeginn alles Abendländischen, liegt da in Form eines jungen Hoffnungsmondes am südlichen Rande Europas, des Erdteils, den sie aus sich gebar, und über ihr im Ägäischen Meer wirbelt der Sternentanz und das Perlenspiel ihrer Kinder, der kleinsten Inseln."[47]

Kästner erwähnt zwar die Anwesenheit deutscher Truppen, aber sie schienen als Entwicklungshelfer hierher gekommen zu sein, nicht als Eroberer, denn sie bauten Straßen für die Kreter, sorgten auf speziellen Gütern für die Verbesserung der Landwirtschaft und erforschten die Fauna und Flora der Weißen Berge[48]. Dass die Inselbewohner von diesen Maßnahmen nichts hatten, sondern Hunger und Not litten, weil die deutschen Truppen alles konfiszierten, erwähnt Kästner mit keinem Wort.

Der Krieg flackert in seinem Text nur am Rande oder im Hintergrund auf: Britische Flugzeuge bombardieren Heraklion, irgendwo sichtet Kästner deutsche Flakgeschütze und Minenfelder. Einmal kommt er an einem Dorf vorbei. Zweifel und Ahnungen beschleichen ihn offenbar: „Sehen nicht deine (Kretas) Dörfer zuweilen aus, als ob sie niedergebrannt wären? Diese kretischen Dörfer, wahrhaftig, wenn man sie zum ersten Mal daliegen sieht aus der Ferne, glaubt man, es seien Ruinen, verheert vom Feuer oder vom Krieg." Aber er kann sich sofort beruhigen: „Wenn man dann sieht, dass da gar nichts Besonderes ist, dass sie natürlich bewohnt sind, so kann einer glauben, dass es vielleicht nur Flüchtlinge sind von irgendwoher, die sich da eilends und zur Not untergebracht haben. Aber dann ist es keineswegs so, es sind reiche Dörfer, es fehlt ihnen nichts." [49]

Immer wieder spricht er auch über die Partisanen im NS-Jargon von „Banden", die in Kretas Bergen ihr Unwesen treiben. Er rätselt, ob es sich um Viehdiebe oder andere Kriminelle handelt. Kästner weiß um die Gefährlichkeit dieser Männer aus der Sfakia, er bescheinigt ihnen die Fähigkeit „zu leidenschaftlicher Verstockung und finsteren Grausamkeiten". [50] Und: „List, Mut und verschlagene Kühnheit, Natursinn und Härte, ein Auge, dessen Schärfe sich manch einer kaum träumen lässt, Fanatismus und Grausamkeit, das sind ihre Waffen." [51] Aber auch über einen ausgeprägten Freiheitssinn verfügen sie, denn schließlich waren sie Jahrhunderte lang von Römern, Sarazenen, Venezianern und Türken unterdrückt. [52] Von der deutschen Besatzung schreibt Kästner natürlich nichts.

Als Kästner mit Kameraden einige Tage bei der Familie Wiglis in dem Dorf Samaria wohnte, das auf einem Felsvorsprung der Schlucht lag, kam er mit den „Banden" direkt in Berührung, ohne dass er es zunächst bemerkte. Nachts hörte er verdächtige Unruhe vor dem Haus. Esel wurden be- und entladen. Der jüngste Sohn Georgios brachte die Gruppe dann wieder hoch auf die Omalos-Ebene, wo Kästner erfuhr, dass die Partisanen hier gerade 27 Soldaten umgebracht hatten. Ohne die Gastfreundschaft der Familie Wiglis wäre er wohl selbst in höchster Gefahr gewesen. Anlass für die Greueltat auf der Ebene waren die Vorgänge um das Dorf Koustojerako im Selinogebiet. Die Deutschen waren überzeugt, dass die Bewohner des Ortes mit den Partisanen zusammen arbeiteten. Am 25. September 1943 rückte dort eine Wehrmachtsabteilung ein und traf nur Frauen und Kinder an, die Männer waren in die Berge geflüchtet.

Als die Frauen sich weigerten, den Aufenthaltsort der Männer anzugeben, mussten sie vor einem Exekutionskommando Aufstellung nehmen. Die erste Salve streckte sechs Frauen nieder. In diesem Augenblick feuerten die Partisanen von den nahen Bergen auf die Deutschen und töteten mehrere von ihnen – mit einem Meisterschuss auch den Kommandeur der Einheit. In der allgemeinen Verwirrung konnten die Frauen fliehen. Die Deutschen kehrten wenige Tage später zurück, plünderten die Dörfer Koustojerako, Livada und Moni, erschossen Alte und Kranke in ihren Betten und brachten die übrigen Einwohner ins KZ Agiá. Stuka-Bomber machten dann diese Orte dem Erdboden gleich.[53] Kästner war in diesen Tagen gerade in den Weißen Bergen unterwegs, musste seine Wanderung wegen dieser Kämpfe abbrechen und kehrte nach Chania zurück. Er wusste also sehr wohl Bescheid, was vor sich ging.

Aber Kästner ließ sich nicht beirren. Er verlebte „sehr glückliche Monate auf dieser Zauberinsel".[54] General Bräuer lud ihn noch einmal ein und unterstützte seinen Wunsch, in Kreta zu bleiben und nicht – wie angefordert – nach Athen zu seiner Einheit zurückzukehren: „Es war sehr nett, und das Gelungenste war, dass er [Bräuer], als ich sagte, die in Athen schrien nach mir, antwortete: ‚Das ist ja Quatsch, verdammter Quatsch! Sie gewinnen den Krieg ja auch nicht!' Selten hat mir ein Generalswort so eingeleuchtet."[55]

Er wanderte weiter auf der Insel umher - mit der Protektion des mächtigen Inselkommandanten im Rücken. Kreta war für ihn „Dorerland" - vor allem der Westteil. Überall entdeckte er „strohblonde, schmalschädelige und hellhäutige Menschen mit blauen Augen, die irgendwo aus dem Norden kamen und eintauchten in die Welt des ewig flutenden Lichts. Es ist etwas von jenem gesteigerten Daseinsgefühl, das sie zu dem vermocht hat, was sie der Menschheit gaben. Dorisches Blut rollt auch jetzt noch hier, ich bin's überzeugt. (...) Es sind die schönsten Menschen auf Kreta – die schönsten und männlichsten in ganz Griechenland, die ich hier sehe. (...) Jeder ist hier der König seines eigenen Leibes und Blutes. Derlei schafft nur die Freiheit, die Zeit und das Erbe."[56]

Selbst sein griechischer Dolmetscher Sifis entsprach diesem Idealtyp eines reinrassigen Dorers: „Er war strohblond, schmalschädelig und hellhäutig, wenngleich sportlich braun gebrannt, und hatte tiefblaue, etwas einfache Augen."[57] Kästner hatte also wie in *Griechenland* seine edlen nordischen Herrenmenschen wieder gefunden - dort waren es die deutschen Soldaten als Nachfahren der aus dem Norden eingewanderten Achaier und Hellenen, hier waren es die Dorer. Ein Unterschied bestand aber: Hatte sich von den antiken Griechen - so Kästner - rassemäßig so gut wie nichts erhalten, hatten die Dorer in der Abgeschiedenheit ihrer Berge ihren Rassentypus bewahrt. Er deutet auch an, dass „wahre" Kultur nur von den rassisch überlegenen Dorern kommen konnte. Als er in der Ruinenstadt Gortyn in der Messara-Ebene die steinernen Reste des dorischen Apollon-Tempels besichtigte, da begriff er, was dieser bearbeitete Stein wirklich ist: „Es ist nicht mehr Sandstein und Kalkstein, es ist Stoff, zum Höheren verwandelt.

Atemzüge beleben den Stein, und Geist durchweht ihn, Adel fließt in ihm und Blut. Wenn man ihn begreift, so weiß man die Hand noch, die ihn gebildet, den Sinn, der ihn bedacht, den Ernst und die Ehrfurcht, die ihn, vor Höherem sich beugend, dem Tod und dem Stoff entriss."[58]

Das moderne Kreta ist dagegen ein Land von „Faulen" und „Bettlern", voller Verkommenheit und Rückständigkeit: „Die Dörfer sind jammervoll und starren vor Schmutz, die Häuser von unbeschreiblicher Dürftigkeit." Und: „Arbeiten, bloß um etwas zu schaffen? Das verstünde hier keiner." Geschichtslos und ohne historisches Bewusstein dämmern die Menschen auf Kreta dahin.[59]

Kästner konnte sein Manuskript über die Insel Ende 1943 abschließen. Das Buch *Kreta* ist insgesamt nicht so voll gestopft mit NS-Propaganda und belehrenden Reflexionen wie *Griechenland*. Es ist mehr Reisebericht als ideologische Information für die Truppe. Aber die Abwesenheit von Propaganda hat einen Grund: Wegen der Kriegswirren in Deutschland verzögerte sich das Erscheinen des Buches beträchtlich. Im Frühjahr 1946 wollte der Verlag es endlich herausgeben und fragte über dessen Mutter bei Kästner an, der zu diesem Zeitpunkt im Gefangenenlager Tumilat in Ägypten interniert war. Dieser zögerte, genehmigte dann aber doch die Herausgabe des Buches: „überhaupt, weiß nicht recht. Beauftrage R (seine Schwester Reingart, der Verf.) mit genauer Durchsicht des Mskr. (Manuskripts) *auf Stellen, die besser wegblieben* (Hervorhebung des Verf.), habs nicht im Kopf, Hauptsache, keine öffentlichen Anrempelungen hinterher, wenn auch nur von Idioten, wie hier geschehen. Große Vorsicht. Kann von hier alles schlecht beurteilen. Geteiltes Gefühl. Lasse Erscheinen zu, weil wahrscheinlich für Zukunft von großem Nutzen, wenn jetzt überhaupt gleich herauskomme."[60].

Das Buch *Kreta*, das im Sommer 1946 erschien, war also von Kästners Schwester Reingart um die „Stellen, die besser wegbleiben" sollten, gekürzt worden. Außerdem hatte es die amerikanische Militärzensur passiert. Es war also eine gründlich gereinigte Ausgabe, in der sämtliche Propaganda- und Kriegsbezüge gestrichen waren.[61]

Einige bezeichnende - wenn auch eher harmlose - Textpassagen haben sich dennoch erhalten. So werden die Sfakioten direkt mit den Germanen in Verbindung gebracht, seinem kretischen Helfer Sifis bescheinigt Kästner ein „norddeutsches" Aussehen, und dem Bürgermeister von Wistagi gestand er zu, er hätte der „Rassestolz Frieslands oder Westfalens" sein können.[62]

Weil *Kreta* einer so gründlichen Textbereinigung unterzogen worden war, konnte das Buch auch 1975 - ein Jahr nach Kästners Tod - so gut wie unverändert wieder erscheinen. Nur das letzte Kapitel hatte der Autor neu hinzugefügt. Kästner nutzte darin die Gelegenheit, noch einmal nachträglich Hitlers Kriegsführung zu rechtfertigen. Auch nach 30 Jahren hatte er seine Einstellung gegenüber den „Banden" nicht geändert; sie waren für ihn keine Kämpfer für die Freiheit ihrer Insel und ganz Griechenlands, sondern hinterlistige Heckenschützen und feige Meuchelmörder: „Die Partisanen in Überzahl, und wie immer durch bessere Kenntnis der Berge im Vorteil, hatten die siebenundzwanzig [deutschen Soldaten auf der Omalos-Ebene] ins Unwegsame gelockt, Kampf im Fels, Scharfschüsse aus der Deckung. Mann für Mann von den unseren wurden getroffen, fertiggemacht und, nach kretischer Weise, verstümmelt. Jetzt war die übliche nutzlose, unausbleibliche, kaum vermeidliche Vergeltung im Gang, die zu nichts führte."[63]

Auch 1956 in einem offenen Brief an die griechische Königin Frederike, in dem er um die Begnadigung eines der Wiglis-Brüder aus dem Dorf Samaria bat, der in eine Blutrache verwickelt war, bezeichnete er die Partisanen noch immer im NS-Jargon als „rote Banden", die „roten Terror" verbreitet hätten.[64] Vermutlich waren es in seinen Augen nur diese „roten Banditen", die seinem Aufenthalt in diesem „Götterland" und das sonst so gute und harmlose Einvernehmen zwischen deutscher Besatzung und kretischer Bevölkerung störten. Kästners persönlicher Freund Heinrich Gremmels schreibt jedenfalls in seinem Nachwort zur *Kreta*-Ausgabe von 1975, dass der Schriftsteller „in seinen frühen Griechenlandbüchern Dinge und Menschen noch im ursprünglichen Einklang vorfand, ungestört von der Zudringlichkeit unseres katastrophalen Zeitgeistes und -geschehens."[65] Es wird Kästners Geheimnis bleiben, wie er eine solche Idylle mitten in einem grausamen Krieg finden und sich bewahren konnte.

Denn was der „Dichter im Waffenrock" nicht beschrieben hat, nicht beschreiben wollte, hat die Volksdichtung der Kreter formuliert, die die Schrecken der Besatzungszeit immer wieder variierte. Die am meisten gebrauchten Wörter für die Deutschen in diesen Versen sind: Hunnen und Barbaren. Ihr Tun wird mit verheeren, vernichten, brandschatzen, zerstören, foltern, ermorden, exekutieren und füsilieren geschildert. Bomben, Feuer, Geschosse und Dynamit verbreiten Angst und Schrecken. Auf Seiten der Kreter sind die Folgen: weinen, jammern, klagen, Kummer, Opfer, Qual, Sklaverei, Verwaisung, Verhängnis und Tod. Verflucht das Land, verdammt der Stamm, auf dass Jahrhunderte vergehen ohne Vergebung, heißt es in einem Lied.[66]

Das Inselbuch

Ein Buch über die griechischen Inseln war während Kästners Griechenland-Aufenthalt von Anfang an geplant – Kreta sollte ja ursprünglich nur ein Kapitel davon werden. Als er das Manuskript über die große Insel fertig hatte, kehrte Kästner zu seiner Einheit nach Athen zurück. Dort bestellte ihn im April 1944 der Befehlshaber des Luftwaffenkommandos Südost, General Martin Fiebig, zu sich, um ihn zu bewegen, das Inselbuch endlich in Angriff zu nehmen. Fiebig war militärisch für die Inseln zuständig. Kästner notierte über diese Begegnung: „Es war eine sehr präzise und günstige Unterhaltung. Er wäre mein neuer Chef gewesen und ist es auch noch, ich bleibe hierher [nach Athen] nur kommandiert. Er hat also nach meinem Wunsche den dritten Band über die griechischen Inseln befohlen, hat mir viel Schönes gesagt, jede Unterstützung zugesichert, sogar eigene Flugzeuge, wenn es nicht anders geht. Es liegt ihm unbedingt daran, das gesamte Werk, dessen Erfolg so einmalig günstig gewesen wäre, beim ersten Bande, zur Vollendung zu bringen. Ich soll mich bei irgendwelchen Schwierigkeiten direkt an ihn wenden. So kann ich also noch ein wenig weiter arbeiten und bin doch sehr froh darüber, denn schließlich kann man in solchen Zeiten nichts Glücklicheres tun, als einem inneren Ziele zu folgen."[67]

Kästner hatte also wieder einen neuen militärischen Mäzen gefunden, der im übrigen 1947 in Belgrad als Kriegsverbrecher hingerichtet wurde. Im März hatte ihn schon der Kommandant der Sturmdivision Rhodos, General Ulrich Kleemann, zu sich gebeten. Er wiederholte diese Einladung im April und erteilte ihm am 16. Mai offiziell den Auftrag für das Inselbuch, woraufhin Kästner nach Rhodos flog.[68] Kleemann stellte ihm dort - wie schon zuvor General Bräuer in Kreta - ein Ausweispapier mit folgendem Inhalt aus: „Uffz. Kästner vom Stab des Generals der deutschen Luftwaffe in Griechenland hat den Auftrag, im Rahmen der Wehrbetreuung ein für Soldaten bestimmtes Erinnerungsbuch ‚Die griechischen Inseln‘ herauszugeben und ist zurzeit damit beauftragt, die Unterlagen für dieses Werk zusammenzustellen. Er ist von allen Dienststellen sämtlicher Wehrmachtsteile in meinem Befehlsbereich bei der Durchführung dieses Auftrages weitgehend zu unterstützen. In Sonderheit sind ihm entsprechende Unterkünfte zur Verfügung zu stellen und ihm die mögliche Bewegungsfreiheit (Kfz. usw.) zu ermöglichen."[69]

Auch von General Fiebig bekam Kästner ein entsprechendes Ausweispapier. Und so begab er sich gut ausgestattet - teilweise mit militärischer Begleitung, Dolmetscher und Pkw - auf Inselreise. Nach Rhodos besuchte er Kalymnos, Leros, Kos und

Patmos. Im Jahr vorher hatte er schon Samos, Chios und Lesbos bereist. Als der Krieg zu Ende ging und am 1. September 1944 vom OKW der Befehl zur Räumung Griechenlands und der Ägäis ausgegeben wurde, beschloss Kästner in Rhodos zu bleiben und zunächst nicht zu seiner Einheit nach Athen zurückzukehren. Er schloss sich einer Sanitätskompanie an und arbeitete nebenbei an seinem Buch weiter. Im Mai 1945 geriet er in britische Gefangenschaft und wurde in das Gefangenenlager Tumilat in der Nähe der ägyptischen Stadt Port Said gebracht. Dort schrieb er an dem Inselbuch weiter, so weit das unter den dortigen Bedingungen möglich war. Zurück in Deutschland, setzte er die Arbeit daran fort, aber er stellte fest, dass er zu viele Inseln nicht bereist hatte, die ihm nun fehlten. Das Bild war also nicht vollständig. Das Manuskript blieb bis zu seinem Tod unveröffentlicht. Sein Freund Heinrich Gremmels, der schon *Kreta* publiziert hatte, gab die letzte vom Autor redigierte Fassung 1975 als *Griechische Inseln. Aufzeichnungen aus dem Jahr 1944* heraus.[70]

Das Buch bleibt auf der Linie von *Griechenland* und *Kreta*: Der Krieg kommt – sieht man von Bombenangriffen der Briten ab – so gut wie nicht vor. Das Verhältnis von griechischen Inselbewohnern und deutschen Besatzern ist überall freundschaftlich und problemlos. Von Judendeportationen, wie sie auch in Rhodos stattfanden, erfährt der Leser nichts. Sein bekanntes Rassenklischee von den Deutschen als den eigentlichen Nachfahren der klassischen Griechen kann er am Beispiel der Töchter des deutschen Konsuls in Samos demonstrieren: „Mehr aber noch rühmen (...) sein Haus seine beiden Töchter, zartschlank, porzellanen und rührend schön, die ältere blond, die jüngere siebzehnjährig, dunkel mit blauen Augen. Man braucht so etwas hier, um sich unter dem schwärzlichen Pöbel, der nun diese Strände bevölkert, den Lebensstoff von einst, der köstlich und edel gewebt gewesen sein muss, gegenwärtig zu machen."[71]

Auch den deutschen Soldaten setzt Kästner kurz vor Kriegsende noch ein Heldendenkmal. Über die Insel Leros, die wie die anderen Dodekanes-Inseln erst nach der italienischen Kapitulation im September 1943 in schweren Gefechten mit dem einstigen Verbündeten von den deutschen Truppen übernommen wurden, schrieb er: „Diese Insel ist von Alters her nicht mit Geist und Geschichte erfüllt, nicht dass ich es wüsste. Erst seitdem Italien die Zwölfinselgruppe besaß und diesen nördlichen buchtenbewehrten Punkt zur Festung erhob, hat sie eine Rolle erhalten und nun ist sie im Lauf dieses Kriegs durch den deutschen Heldenkampf, durch die kühne Wiedereroberung einer kleinen mutigen Schar zu Geschichte und Namen gekommen: als deutsche Soldaten aus dem Meere und der Luft um dieses Inselfort kämpften, der [das] vordem kaum einem von ihnen unter den ägäischen Inseln bekannt war. Das ist nun ihr Ruhm, wir werden es niemals vergessen."[72]

Eine interessante Einzelheit zu diesem Komplex teilt die Kästner-Biographin von Gaertringen mit. Danach wurde Kästner im April 1958 vom Landgericht Koblenz als Zeuge wegen der dort gegen den einstigen deutschen Kommandanten von Rhodos, General Ulrich Kleemann, erhobenen Vorwürfe vernommen. Dieser sei 1944 an der Deportation der jüdischen Bevölkerung von der Insel beteiligt gewesen. Kleemann hatte - so von Gaertringen - Kästner als möglichen Fürsprecher genannt, da dieser ihm 1953 einen Brief geschrieben hatte, in dem zum Ausdruck kam, dass Kleemann sich der Deportation nach Kräften widersetzt habe. Kästner hat dann tatsächlich für Kleemann ausgesagt, also den Ex-General entlastet.[73]

Kästner gab zu Protokoll: „Ich habe laufend und unbezweifelbar gehört, dass General Kleemann sich lange Zeit energisch und mit Erfolg gegen den befohlenen Abtransport der Juden gesträubt hat . . . dass der General vorgab, die Juden als tüchtige Geschäftsleute seien in der Lage, die Hungersnot, die damals auf der Insel herrschte, zu lindern. Ich war und bin fest davon überzeugt, dass dies nur Vorwände waren, dass das eigentliche Motiv des Generals als eines Ehrenmannes und alten Soldaten war, dass er seine Ehre mit einer so schändlichen politischen Maßnahme nicht beflecken wollte."[74]

Zu ganz anderen Ergebnissen kommt allerdings der Historiker Götz Aly in seinem Buch *Hitlers Volksstaat. Raub, Rassenkrieg und nationaler Sozialismus.* Danach hat General Kleemann am 13. Juli 1944 die Festsetzung der Juden angeordnet. Sie sollte binnen vier Tagen abgeschlossen sein. Gleichzeitig liefen in Portogalo (Hafenstadt auf der Nachbarinsel Leros) drei Schiffe aus, mit denen die Juden abtransportiert werden sollten. Sie mussten jedoch „wegen Feindlage" umkehren, erst in der Nacht vom 20. zum 21. Juli gelang ihnen die Überfahrt. Nach dem Befehl Kleemanns zur Deportation regte sich unter den deutschen Soldaten Protest. Kleemann sah sich deshalb gezwungen, einen „erklärend gehaltenen Befehl" nachzuschieben, um Zweifeln entgegenzutreten. Wörtlich schreibt Aly: „Damit versuchte er seine Truppe von der Notwendigkeit einer ‚radikalen Lösung der Judenfrage' zu überzeugen, die vom begrenzten soldatischen Standpunkt aus nicht ohne weiteres beurteilt werden könne."[75] Tatsächlich wurden kurz darauf alle Juden der Insel gefangen gesetzt. Bereits am 24. Juli begann die Deportation. Der Ladebericht der drei beteiligten Schiffe „Störtebecker", „Horst" und „Merkur" vermerkt: 51 Tonnen Schrott, Wirtschaftsleergut und 1700 Juden.[76]

In seinem Geheimbefehl vom 16. Juli hatte Kleemann die Enteignung und Deportation der Juden von Rhodos ausdrücklich „mit den politischen und wirtschaftlichen Verhältnissen des Befehlsbereichs" gerechtfertigt.[77] Aly bemerkt dazu, dass Truppenkommandeure wie Kleemann neben ihrem völkischen Rassedenken und der Vorstellung, die Juden seien die fünfte Kolonne des Feindes, auch ganz handfeste wirtschaftliche Motive für das „Verschwinden der Juden" gehabt und deshalb ihre militärische Hilfe zur Beschaffung von Kontributionen angeboten hätten: Sie brauchten das Geld und das Gold der Juden, damit „finanzielle Engpässe möglichst selten die strategischen Pläne und die Moral der Truppen beeinträchtigten".[78]

Hatte Erhart Kästner also 1958 vor Gericht für Ex-General Ulrich Kleemann, der einst sein Mäzen gewesen war, falsch ausgesagt?

Zwischen Mythos, Ideologie und Realität – Erhart Kästners Griechenland-Bild

Bei der Lektüre von Erhart Kästners frühen Griechenland-Büchern verwundert – neben den ideologischen Ungeheuerlichkeiten, die dieser Autor zu Papier gebracht hat – vor allem das, worüber er nicht geschrieben hat: über Krieg, Zerstörung, Sühne und Vergeltung. Anders gesagt: Er hat das unendliche Leid der Menschen im besetzten Hellas überhaupt nicht zur Kenntnis genommen. Eine solche Haltung muss zusätzlich erstaunen, weil dieser Autor nicht müde wurde zu betonen, dass seine Liebe zu Griechenland aus dem Kriege stammte.[79] An dieser Stelle bringen Kästners Verehrer und Verteidiger stets das Argument, dass er im Rahmen seiner sehr eingeschränkten Möglichkeiten als Auftragsliterat im Dienst der Wehrmacht nicht anders hätte schreiben können, sofern er nicht die ideologischen und politischen Inhalte des Nationalsozialismus vermitteln wollte.[80]

Auf diesen Einwand gibt es nur zwei Antworten: Erstens hat niemand Erhart Kästner gezwungen, als Lohnschreiber in die Dienste der Wehrmacht zu treten; es war seine freie Entscheidung, auf die er im übrigen später sehr stolz war, weil er meinte, den ganzen sturen Barras-Betrieb ausgetrickst zu haben. Zudem hat er selbst die Initiative für die Griechenland-Bücher ergriffen. Und zweitens hat er zweifelsfrei die ideologischen und propagandistischen Positionen des Nationalsozialismus transportiert und Hitlers Krieg in Hellas ästhetisiert und idealisiert. An Belegen dafür fehlt es in den Büchern *Griechenland* und *Kreta* wahrlich nicht.

Kästner selbst würde ganz andere Gründe anführen, warum in seinen Texten die deutsche Okkupation nebst ihren Ursachen und Folgen weitgehend ausgeklammert ist, die gewaltsame Auseinandersetzung und ihre Schrecken nur wie ein belangloses Geschehen im Hintergrund erscheinen und warum der Autor selbst mitten in einem barbarischen Krieg, in dem es um die Weltherrschaft des Nationalsozialismus ging, aus der Zeit ausstieg und sich sein „Paradies"[81] ausgerechnet in einem Land suchte, das einer brutalen Besatzungsherrschaft unterworfen war. Kästner würde sicher antworten, dass er es als Schriftsteller nicht als seine Aufgabe angesehen habe, die Realität des Krieges und des Landes, in dem er sich abspielte, wiederzugeben, sondern dass er zeitlose Ideale und Werte vermitteln wollte – gerade in einer chaotischen Zeit wie dieser. In einem Manuskript aus dem Jahr 1944 heißt es denn auch in diesem Sinne: Er sei nicht in Griechenland, „um alles zu schildern, was ich sehe, sondern um das *Griechische* [Hervorhebung von A. Str.] zu suchen, da ich ein deutscher Romantiker bin".[82] An andere Stelle heißt es: „Was also suchte, was erfuhr, was wollte ich! Nichts als im neuen Griechenlande das alte zu suchen und unter dem Kleide des neuen das Unvergängliche, Ewige."[83]

Das ist deutlich und sagt viel über die Unfähigkeit dieses Autors aus, Realität wahrzunehmen: Der deutsche Eroberungs-, Raub- und Vernichtungskrieg, der gerade stattfand, sowie seine Auswirkungen auf Griechenland haben diesen abgehobenen Bildungsbürger überhaupt nicht interessiert – er war nur die Kulisse für seinen Ausstieg aus furchtbarer Zeit und sein Untertauchen im „Paradies", wo er das absolute Griechische finden wollte. Griechenland sollte für ihn vor allem eine Bildungsreise sein. Erhart Kästner konnte sich bei seinem

„Griechenglauben" auf die deutschen Klassiker berufen und tat es auch immer wieder. Den Geist von Winckelmann und Goethe spürte er vor allem beim Besuch der Ruinen von Olympia: „Von allen Ausgrabungsstätten, die ich gesehen habe, ist mir Olympia als die schönste erschienen, um der Gesinnung der Ausgräber willen. Es waltet dort Bescheidung, Andacht und ein Glaube an den griechischen Geist, der so stark und so reich ist, dass er etwas von dem verlorenen Götterglauben entgilt. Es ist noch Winckelmanns Anruf und der religiöse Griechenglaube der Goethezeit. In Olympia ließ man die hingerollten Tempelsäulen wie man sie fand und gab der Versuchung, sie wiederaufzurichten, nicht nach, obgleich die Trommeln vollzählig sind. Man wusste, dass Tempelsäulen kein Bauwerk sind, das man ergräbt und ergänzt, und dass, wo Götter gewaltet haben und die alles zermalmende Zeit, Schweigen und Ehrfurcht das beste ist."[84]

Schweigen und Ehrfurcht - mit diesen Tugenden im Gepäck fuhr er durch das Land, um seine Idee vom Griechischen, die er natürlich schon vor Antritt seiner Reise in sich getragen hatte, wiederzufinden. Wie Winckelmann, der den Grund für sein Bild von der idealen Schönheit der griechischen Götter- und Menschenskulpturen in den „Urformen" der Natur gefunden hatte, so sucht Kästner den Kern alles Griechischen in der „edlen Einfalt und stillen Größe" der griechischen Natur und Kunst. Das Griechische war ihm das „Klassische als das Maß und die Ordnung, das errungene Gut, beruhigt in der Welt zu leben, die Stille, die Wahrheit, die Schönheit als alles durchleuchtende Kraft".[85] Und die Kunst der Griechen ist ihm - auch das ein Gedanke Winckelmanns - „das Äußerste, was der Mensch erreichen kann".[86]

In ein solches „heiliges Land" kann man nur als demütiger „Pilger" kommen, eine Reise dorthin ist eine „Wallfahrt"[87]. Und vor allem: Man muss Hellas zu Fuß durchwandern, nur so kann man - bei Öffnung aller Sinne - den antiken Mythos oder das

Griechische noch ganz unmittelbar spüren und mit ihm eins werden. Wandern also als mystisches Erlebnis. Er berief sich dabei auf die antiken Griechen, wenn ihm das Wandern ein Gefühl kathartischer Reinigung verschaffte: Beim Besteigen von Bergen „überwindet man die Erde. Kein Wunder, dass die Altäre und Tempel so oft da oben stehen und die Götter da oben wohnen". Und: „Die Griechen, Bergvolk, das sie waren, wussten wohl um die Heilung und Reinigung, die im Wandern und Laufen liegt und im Steigen zumal."[88]

Das „Griechische" ist ihm ganz nah - wohlgemerkt mitten im Krieg -, wenn er auf dem Peloponnes zum Tempel von Bassai aufsteigt: „Ja, hier war alles gottbeseligt. Hier sang jeder Baum wie eine lebendige kleine Naturgottheit, hier wohnten Dryaden, und der kleine Bach, der mittendurch rauschte, war wirklich ein liebliches Nymphenwesen."[89]

Auch in Rhodos begegnet ihm die Antike unmittelbar: „So wars hier von je. In diesen Hainen hat nichts sich verändert. Hoheit der Zypressen, Geticke der Hacken, die in den lockeren Boden fahren, einen Sommertag lang - nichts hat sich verändert. Hier ist sie da, die Antike, herznah und flüsternd im Ohr, wie kaum bei Tempelruinen. (...) Alles war zum Erhabenen bereit. Das Klassische, hier war es da - war so wie immer gedacht und doch nicht. Es war einfacher, natürlich gelassen, tätig und bäuerlich; weniger feierlich als mans oft sah."[90]

Das klassisch Griechische oder den Geist der Antike vermag er aber auch in einem Tempel oder dessen Umfeld zu erfassen: „Das Haus der Gottheit, vom Licht der Sonne umsungen, von Sternen umkreist, ist eins mit den Bergen, den Wäldern, dem Meer. Das Rauschen der Bäume, der Flug der Vögel und der Duft von Geblüh und Gesträuch ist ebenso Tempel wie das Gefüge der Säulen und Giebel. Nicht der Bau, sondern der Bannkreis ist es, in dessen Weihe und Wirkungskraft man steht und den Strom des Göttlichen sich durchrinnen fühlt."[91]

Und die Götter sind keine Erfindung des Menschen, sie leben und sind allgegenwärtig in der Natur: „Ich werde nicht leben, solange ich zu leben habe, ohne das Glück der Geschenke, die sie mir gaben im Land ihres Daseins. Wohl weiß ich, es ist nur ein Widerschein. Wir sehen sie nur noch im Spiegel, nicht mehr im Anschauen geraden Blicks. Nur im Spiegel der marmornen Bilder, im Widerschein der Gesänge, die ihnen galten, im Spiegel der Landschaft. Aber wenn so der Strahl auch gebrochen ist, der von ihrem zu unserem Auge her führt: ich glaube daran, dass das Licht ihrer Offenbarung, die Kraft des Glaubens an sie, dass der Glanz der Gebete noch liegt auf den Fluren, über denen sie schwebten, und über alle Zerstörung hinweg ist er noch da, dieser Glanz, wie ein schimmernder Tau, der einst niedersank, und der mich erquickt, der mich erhöht.“[92]

Das alles schreibt Erhart Kästner, während in eben diesem Land Massenexekutionen, Dorfzerstörungen, Hungersnöte und Judendeportationen stattfinden. Aber immerhin kann er in diesen Göttergefilden mit der Zeit doch den Menschen etwas freundlicher begegnen, die er am Anfang seines Aufenthaltes nur als „Levantiner“ und „Affengesichter“[93] abgetan hatte. Aber nicht um ihrer selbst willen beurteilt er die Menschen jetzt milder, sondern weil er in ihnen doch eine Verbindung zur Antike entdeckte: Wenigstens in der Einfachheit und Kargheit des Landlebens sowie in den elementaren bäuerlichen Arbeitsweisen fand er ethnische und kulturelle Kontinuität zu den Alten.[94] Seine Liebe aber gehörte den Hirten, weil sie für ihn die einzigen Menschen im modernen Griechenland waren, die seinem klassischen Ideal entsprachen. Sie waren bitter arm, aber führten ein harmonisches Dasein im Einklang mit der Natur. Zu dieser perfekten ländlichen Idylle gehörte auch die Gastfreundschaft – auch sie für Kästner ein Lebenszeichen aus antiker Zeit, das ihm die Gegenwart des Griechischen belegt.

Wie die deutschen Klassiker leitete Kästner aus seinem „Griechenglauben" einen hohen sittlichen Anspruch ab. Er ergab sich für ihn von selbst aus der Schönheit, dem Maß und der Ordnung des Griechischen – aus der Gegenwart der Götter eben. Und Kästner erhob diesen Anspruch zur Maxime ewig gültiger klassischer Humanität. Er propagierte eine höhere Welt des Schönen und Guten, die axiomatischen Charakter haben und nicht hinterfragbar sein sollte. Das ist der Kern seines „Griechenglaubens" – eine pseudoreligiöse Haltung, die sich auf die Naturfrommheit der Griechen berief und ihre Vorstellung von der Gottbeseeltheit in allen Dingen.

Bei einem solchen philhellenischen Glauben musste der Zusammenprall mit der Realität des modernen Griechenland furchtbar sein – noch dazu unter Kriegsverhältnissen. Denn Kästner war außerstande, seine Wahrnehmung und Interpretation der Wirklichkeit des Landes anzupassen. Die Realität musste sich dem Ideal unterordnen und blieb deshalb auf der Strecke. Seine Enttäuschung über das vorgefundene Land und seine Menschen war denn auch maßlos. Alle verbalen Ausfälle gegen die griechische Gegenwart erklären sich aus der Wucht dieses Zusammenpralls von Idealität und Realität und werden durch seinen Glauben an den Nationalsozialismus und an seinen Propagandaauftrag noch zusätzlich verstärkt.

Klassisches Ideal und rassenbiologisches NS-Geschichtsbild prägten seinen Blick auf Hellas – ein Widerspruch war das nicht, denn die Nationalsozialisten hatten ja die Hochschätzung der Antike und der deutschen Klassiker in ihre Weltanschauung integriert, ja sich selbst zu deren Nachfolger und Vollender erklärt. Das Ergebnis einer solchen rassistischen Betrachtungsweise musste folgerichtig völlig unpolitisch und unhistorisch sein. Vor allem konnte Kästner durch diese Haltung der Realität der nationalsozialistischen Okkupation und dem Krieg gegen den griechischen Widerstand (und in dessen Gefolge auch gegen die griechische Zivilbevölkerung) ausweichen. Er brauchte die Realität gar nicht zur Kenntnis nehmen, er blendete sie aus, seine Wahrnehmung verweigerte sich schlicht den Fakten. Der Krieg war da, wurde in seiner Grundintention bejaht und für gerecht befunden, bleibt aber dennoch am Rande, weil Kästner die „Reinheit" seiner Pilgerfahrt durch Griechenland nicht stören lassen wollte.

An vielen Beispielen lässt sich die Enttäuschung belegen, die Kästner angesichts der griechischen Realität empfindet. Da sind zuerst die Menschen, auf die er traf. Natürlich hatte er gehofft, noch ein paar edle Nachfahren der antiken Griechen vorzufinden[95] – und begegnete nur „Affengesichtern" und „schwarzem Pöbel".[96] Er kam mit einem Idealbild von Athen nach Griechenland, jeder Deutsche trägt es angeblich in seinem Herzen: „Dies Traumbild ist geboren aus dem Bewusstsein, dass diese Stadt das endgültige Maß dessen, was der Menschheit an Schönheit erreichbar ist, geschaffen hatte."[97] Aber er findet einen levantinischen Moloch von Stadt vor, einen „Ameisenhaufen ohne natürliche Grenzen, ohne Form, ohne Bändigung".[98] Schmutz, Lärm, barbarische Hässlichkeit und Armut bestimmen das Bild der Stadt – Kästner sieht keine Verbindung mehr zur Antike und empfiehlt den Rückzug auf die „Idee von Athen".[99]

Er ordnete auch Armut, Elend und Hunger, denen er täglich in Athen und Piräus begegnete, in seine ahistorische Sicht ein. Jammervolle Gestalten in Lumpen, die nur noch aus Haut und Knochen bestehen – auch viele Kinder darunter – und überall die Straßen und Plätze bevölkerten. Die Leichen der Verhungerten lagen überall herum, sie hatten für Kästner aber nichts mit der Realität des Krieges zu tun. Kein Wort verlor er über die Ausplünderung der griechischen Landwirtschaft durch die Wehrmacht und den besatzungsbedingten Verfall der griechischen Wirtschaft. Kästner entwirklicht Armut, Elend und Hunger und hebt sie in eine Sphäre des Geschichts- und Zeitlosen, sie gehören zum Bild des ewigen archetypischen

Griechenland – sind letzten Endes unabänderlich und schicksalhaft für den Süden: „Solche Ausbrüche des Elends, solche Wuchten des Leidens gehören zum Bilde des Südens. Hier sind sie als Möglichkeit immer da."[100] Dieser Satz stammt nicht aus seinem Wehrmachtsbuch *Griechenland*, sondern aus *Ölberge. Weinberge*, das lang nach dem Krieg (1974) erschien. Das Leben hatte die Menschen verhungern lassen[101] – nicht der von den Deutschen dem Land aufgezwungene Krieg. Leiden gehört eben zum Süden als zeitlose, schicksalhafte Erscheinung.

Über eine bettelnde Athenerin schrieb Kästner: „Es war auch mehr als das Bild dieses Hungerwinters im Krieg, es war das griechische Leidensgesicht aller Zeit. Es war ein stärkerer Leidensausdruck, als ein einzelnes Leben und eine einzelne Not zu formen vermag: ein ganzes Jahrtausend von Leid hatte sich dieses Abbild geschaffen, ein langes Zusammenwohnen mit Not, eine gewohnte Nachbarschaft zu Armut und Ohnmacht und ein Wissen ums Preisgegebensein, nicht nur dem Hunger. Bei Völkern, die so lange schon leben, gilt das Persönliche nicht mehr so viel, es kommt alles von weither und ist aus vielem gekeltert. Ererbt ist alles. Eine Bettlerin wie diese es war: es war wirklich möglich, dass sie weniger sie selber war als ein Bild. Sie hatte nicht die Wahl so oder so zu sein. Alles kam über sie und war vor ihr schon da."[102] Schicksal eben.

Wie schmachvoll fällt der Vergleich zwischen modernem und antikem Griechenland aus: „Wir begegnen einem unaufhörlichem Zug von schwer bepackten Jammergestalten in zerlumpten Kleidern, die Füße in Lumpen gewickelt anstatt der Schuhe. Sie schleppten Nahrungsmittel und Holz ins hungernde Athen. Es ist dieselbe Straße, auf der einst der Zug der Gottbegeisterten nach Eleusis zog."[103] Bei so viel „Entmaterialisierung des Realen" spricht sogar die ihrem Autor so wohl gesonnene Kästner-Biographin von Gaertringen von „Zynismus".[104] Dass Kästner in einigen Briefen, die er in jener Zeit nach Deutschland schrieb, durchaus andeutete, dass ein Zusammenhang zwischen Hunger und Elend und der deutschen Okkupation bestand, belegt, wie sehr er sich in seinen Büchern seinen Auftraggebern von der Wehrmacht verpflichtet fühlte. Er hielt sich an die Vorgaben.

Kästner fragt nicht nach den Ursachen des Elends, so wie er auch die Frage nach den historischen Gründen für die Rückständigkeit Griechenlands nicht stellt. Die Jahrhunderte während Türkenherrschaft über Hellas wird ebenso wenig erwähnt wie die Machtspiele der Großmächte mit dem kleinen Land zwischen Orient und Europa. Kein Wort auch über den Freiheitskampf der Hellenen gegen die Osmanen. Nicht der Name eines einzigen griechischen Politikers fällt in Kästners Texten. Er kam in ein völlig geschichtsloses Land: „Denn das ist es doch, dass sie dort keine Geschichte mehr haben, es sind bloß noch Nachwehen, bloß noch Geschichten. Wo geordnete Macht mit ihren Säulen, Wölbungen, Spannungen, Stockwerken niederbrach, ist bloß noch Eingeebnetes, Schutt. Bloß noch Preisgabe. Bloß noch Masse und Glauben."[105]

Wenn Armut, Elend und Hunger nur mythisches Geschehen sind, das sich schicksalhaft in der Geschichte wiederholt, dann ist auch der Krieg so zu sehen, den Kästner in Griechenland erlebt. Sein Griechenland ist eine Idee, ein Ideal, ein Archetypus. Dem Mythos ordnet er alles unter, auch den Krieg. Deswegen erscheint er in Kästners Texten - auch den späteren - als etwas Harmloses, fast Nebensächliches. Er ist eine zu vernachlässigende Größe, weil er mit dem Bild seines zeitlosen und ewigen Griechenland nur am Rande zu tun hat. Kriege kommen und gehen - schicksalhaft wie Naturkatastrophen eben. Aber das ewige Griechenland bleibt bestehen, das ist Kästners Botschaft.

Kästner stand unter den Autoren seiner Zeit mit seiner mythischen Sichtweise nicht allein. Sie war typisch für eine Zeit der totalen wirtschaftlichen Unsicherheit, in der der eigene soziale Standort schwer zu orten und das althergebrachte

Wertesystem seine Geltung zu verlieren drohte. Dazu kamen die Erschütterungen zweier Kriege. Die Deutschen hatten ohnehin schon seit dem 19. Jahrhundert mit großer Angst auf die Tendenzen der Moderne reagiert – auf ökonomischen Liberalismus, materialistisches Nützlichkeitsdenken, wissenschaftsgläubigen Positivismus und zunehmende Demokratie- und Emanzipationsbestrebungen ganzer Schichten. Nicht zuletzt diese Ängste hatte den Aufstieg Hitlers und seiner Nationalsozialisten begünstigt.

Der Mythos mit seiner Berufung auf das Ewige versprach nun vermeintliche Sicherheit und Identität. Kästners mythischer „Griechenglaube" muss in chaotischer Kriegszeit als das Ergebnis einer solchen geistig-spirituellen Sehnsucht nach einer heilen Welt gedeutet werden. Das antike Griechenland ist der Traum von der Urkultur, von einem sinnstiftenden Seinsmythos. Aber auch die Weltanschauung der Nationalsozialisten stand auf neu-mythischen Fundamenten – und Kästner sah kein Problem darin, seine eigene mythische Sehnsucht mit der der Nazis zu verbinden.

Es gab andere Autoren, die auch dem mythischen Denken anhingen, die aber dennoch nicht anfällig waren für faschistisches Gedankengut. Der Amerikaner Henry Miller (1891-1980) kam wenige Jahre vor Kästner nach Griechenland (1938/39) und schrieb anschließend den *Koloss von Maroussi* – noch heute ein Klassiker unter den Griechenlandbüchern. Diesen Schriftsteller aus Brooklyn und scharfen Kritiker der westlichen Zivilisation faszinierte Griechenland gerade, weil es so rückständig und unzivilisiert war. Er liebte die Griechen, weil sie sich in seinen Augen das bewahrt hatten, was die Menschen des westlichen Kulturkreises als Preis für ihren Fortschritt längst verloren hatten: die Unschuld eines reinen Menschentums, oder anders ausgedrückt: ein ursprüngliches archaisches Bewusstsein.

Miller betrat die Geburtsstätte des Abendlandes ohne jeden Funken von historischer Gelehrsamkeit und klassischer Bildung. Er wollte in Griechenland in das Primitive, das Unmittelbare und Ursprüngliche vorstoßen. Er glaubte, die bessere Welt, die er suchte, im vorklassischen Archaikum zu finden: „Mehr als die Gips-Ellenbogen eines Apoll interessieren ihn die blutigen Altäre des Dionysos, nicht Athen, sondern Delphi und Eleusis, nicht die lichtumflossenen Säulenschafte, sondern die Grabkammern, die von Tonscherben und Schafmist übersäten Grüfte der Heroen und Könige", hat ein Biograph über ihn geschrieben.[106]

Millers sinnlicher Vitalismus ist der völlige Gegensatz zu Kästners aus der Klassik kommendem Griechenlandglauben, obwohl beide Autoren dem Ewigen und Unvergänglichen in diesem Land nachgehen. Aber: Was der Deutsche bei den gegenwärtigen Hellenen als das „Barbarische" und Antigriechische schlechthin ansah, war für den Amerikaner der Inbegriff einer immer noch paradiesischen Welt des Ursprungs. Miller kommt trotz dieser mythischen Anfangssehnsucht gedanklich nie in die Nähe des Nationalsozialismus; seine anarchische Botschaft blieb im Gegensatz zu der seines deutschen Kollegen immer human.

Kästner kam aus der klassischen deutschen Tradition und wurde als Auftragsliterat in Hitlers Wehrmacht ein Mitläufer der Nazis. Dieser Widerspruch erklärt sich nicht nur aus der Tatsache, dass die NS-Ideologie das geistige Erbe der Antike und das Vermächtnis Winckelmanns, Goethes, Schillers und Hölderlins für sich beanspruchte und ihrem Weltbild einverleibte; denn die deutsche Klassik selbst hatte schon in einer viel älteren verhängnisvollen Tradition gestanden: der Trennung von Geist und Politik. Kein geringerer als Thomas Mann hat immer wieder auf diese Fehlentwicklung in der deutschen Geschichte hingewiesen. Deutsche Innerlichkeit mit all ihrem Hang zu romantischer Idylle und brutaler Gewalt hatten in Deutschland immer wieder auf das Engste miteinander zu tun. Sie sind die Vorder- und Rückseite einer Medaille. Bis auf

Martin Luther führt Thomas Mann diese unselige und nur den Deutschen eigene Seelenlage zurück, weil der immer das paulinische Gebot „Sei der Obrigkeit untertan!" im Auge und zugleich – gegen die aufsässigen „Horden" der Bauern polternd – geistige und politische Freiheit getrennt hatte. Macht und Geist, Politik und Bildung galten von der Reformation an als unvereinbar; die Deutschen wurden deshalb zum Volk der „romantischen Gegenrevolution", das sich mehr den irrationalen Kräften verpflichtet fühlte als einer rationalen und aufklärerischen Weltbetrachtung. Eine solche apolitische Haltung kommt dem Geist nicht zu Gute, argumentiert Thomas Mann, denn man entgeht durch ein solches Abschirmen der Politik nicht, man gerät aber durch ihr Verdrängen erst recht auf die falsche Seite. Man kann der Politik auch gar nicht entsagen, denn sie ist in jeder geistigen Haltung oder Position vorhanden.[107] Anders als zum Beispiel in Frankreich, wurde in Deutschland lange Zeit der Begriff Nation nicht mit Freiheit, Demokratie und soziale Gerechtigkeit in einem Atemzug genannt, sondern mit Untertanengeist und völkischer Rassenzugehörigkeit.

Rückzug aus der Politik ins private Idyll galt als Tugend, nicht als Vergehen. Aber diesem weltfremden Idealismus wohnte – so Thomas Mann – ein „Todeskeim", ein Hang zu Gewalt und Tod als seine andere Seite inne. Unter Hitlers Herrschaft dann „brach der deutsche Romantizismus aus in hysterische Barbarei, in einen Rausch von Krampf und Überheblichkeit und Verbrechen, der in der nationalen Katastrophe, einem physischen und psychischen Kollaps ohnegleichen, sein schauerliches Ende fand".[108]

Erhart Kästner, der sich selbst einen „deutschen Romantiker" nannte, stand genau in dieser unseligen Tradition der Trennung von Macht und Geist, Politik und Bildung. Er wollte mit den Niederungen der Politik nichts zu tun haben, weil dies seinen Idealen widersprach, und verhielt sich damit genau nach dem berühmten Wort von Max Frisch: „Wer sich um Politik nicht kümmert, dient immer den Herrschenden." Kästner diente sich den Mächtigen - seinen mäzenatischen Generälen - an, aber nur, um in die unpolitische Idylle flüchten zu können. Mitten in einem barbarischen Krieg stieg er aus der Zeit aus und fand in Griechenland sein geschichtsloses „Paradies"[109], sein „Heimatland der Seele".[110] Die Idylle, die er mitten im Krieg im „Land der Götter" erlebte, geriet ihm dabei immer wieder zu kitschiger deutscher Innerlichkeit: „Bei einem murmelnden Rinnsal blieb ich stehen, weil mir das Geräusch so süß und heimatlich war; ich erklärte meinem (griechischen, der Verf.) Begleiter, dies sei meines Vaterlandes Stimme. Er hatte einmal von Wiesen gehört."[111]

Als er auf dem Gipfel des Chelmos-Gebirges stand, vermerkte er: „Das Hallen unhörbarer Glocken war über der Welt."[112] Die Zahl der Beispiele für solche deutsche Innerlichkeit lässt sich beliebig erweitern. Wenn auch die ganz Welt auseinander flog, Erhart Kästner fand Trost, Zuversicht und Stille bei den Hirten Arkadiens. Dieser Schriftsteller konnte die Augen vor der Wirklichkeit völlig verschließen, in einem idealen Hellas Zuflucht suchen und gleichzeitig einer Armee dienen, die das „Schwert, das gefährlichste Instrument der verbrecherischen Reichsführung Hitlers war".[113]

Entsprechend war bis 1945 die Reaktion auf seine Bücher. Jeder konnte herauslesen, was er wollte. Die einen schätzten die Idylle, die er vermittelte, den Sinn für Schönheit und „Humanität", den er sich mitten im Krieg bewahrt habe. Alles andere übersahen sie und schoben es vermutlich auf den Zwang der Umstände. Es gab offenbar ein großes Bedürfnis nach Flucht aus der schrecklichen Realität des Tages in eine zeitlose, ideale Gegenwelt. Diese Sehnsucht befriedigte Kästner. Aber seine Texte ließen sich auch bestens von den Nationalsozialisten vereinnahmen. So schrieb etwa der *Völkische Beobachter*, der das Buch *Griechenland* sogar zweimal besprach: „Dieses Buch ist ein Beweis für die geistige und see-lische Einstellung, mit der der deutsche Soldat auch als Waffen-träger in Feindesland auftritt." Und: „Nur Deutsche sind imstande, ein soeben in hartem Kampf erobertes fremdes Land so aus dem Grunde seines Wesens heraus zu verstehen und so feinfühlig darzustellen."[114]

Drittes Kapitel

Griechischer Frühling – Erhart Kästner und Gerhart Hauptmann

Die Position, die Erhart Kästner in seinen frühen Büchern vertrat, verwundert nicht, wenn man einen Blick auf seine Herkunft wirft. Geboren wurde Kästner am 13. März 1904 in Schweinfurt. Die Familie siedelte später nach Augsburg über. Er kam aus stramm deutschnationalem Elternhaus – sein Vater war Gymnasialprofessor –, das ihn zu elitärem bürgerlichem Standesbewusstsein erzog. Auch seine Lehrer werden dazu beigetragen haben, dass aus ihm ein national gesinnter Bildungsbürger wurde – ja, mehr noch: er hielt sich schon in jungen Jahren für das „auserwählte Mitglied einer besonderen Geistesaristokratie".[1] Aus seiner Schülerzeit sind Sätze überliefert wie diese: dass „nur ein Deutscher die Offenbarung des deutschen Geistes spüren kann", und er strebe nach „geistiger Höhe" und „höherem Menschentum".[2]

Dass ihm bei solchen Ansichten der Demokratie-Gedanke nicht gerade am Herzen lag, er – analog der von Thomas Mann beklagten deutschen Trennung von Macht und Geist – Politik für ein „schmutziges Geschäft" hielt, zu dem man auf Distanz gehen müsse, wenn man zu geistig Höherem berufen sei – das alles passt schlüssig zueinander und war die im Bürgertum weit verbreitete Einstellung, die dann den Untergang der Weimarer Republik mit verursacht hat. Natürlich gehörte auch der Glaube dazu, dass die Linke mit der Revolution von 1918 dem tapferen deutschen Heer in den Rücken gefallen sei und den Sieg im Weltkrieg so verhindert habe (Dolchstoßlegende). Der Feind stand auch für Kästner links – die Arbeiter, die Proletarier, die Sozialdemokraten.[3]

Wenn es zu Beginn der dreißiger Jahre und dann anlässlich der Machtergreifung 1933 dennoch kritische Äußerungen von Kästner über die Nationalsozialisten gab, dann kamen sie wie bei Ernst Jünger aus einer rechten elitären Haltung. Kästner sah durch das plebejische und pöbelhafte Auftreten der Nazis die „Freiheit des Geistes" bedroht, so wie er sie verstand. „In kultureller Hinsicht ist Finsternis über Deutschland hereingebrochen", schrieb er.[4] Mit politischer Opposition hatte sein Verhalten allerdings nichts zu tun; denn Kästner hing einem fatalistischen Schicksalsglauben an, der sich aus seiner unpolitischen Grundeinstellung erklärte. So sah er das Heraufkommen der Nazis als „unvermeidlich" an und erwog im Juli 1932 sogar, die NSDAP zu wählen. Er glaubte, wenn diese Partei schnell an die Macht käme, würde sie auch schnell wieder von der politischen Bühne verschwinden.[5]

So bleibt sein Verhalten auch in der Folgezeit widersprüchlich und opportunistisch. Jeden seiner Schritte begründete er mit seiner „Unvermeidlichkeit": den Parteieintritt im Dezember 1939 und die freiwillige Meldung zum Eintritt in die Wehrmacht, den er dann aus beruflichen Gründen verschob.[6] Er glaubte, Mitverantwortung tragen zu müssen, und tat dann genau das, was er verbal immer abgelehnt hatte. Er bezeichnete den Krieg als „Jammer, Barbarei, Unrecht und Weltunsinn"[7], eilte aber dennoch freiwillig zu Hitlers Fahnen, ein Ausweichen schien ihm nicht möglich.

Äußerst angepasst war auch sein berufliches Verhalten. 1935 war in Dresden ein Buchmuseum eröffnet worden. Im selben Jahr organisierte der Bibliothekar Kästner eine Sonderausstellung: „Dichter in der Handschrift". Unter den gezeigten Texten waren auch solche von lupenreinen NS-Schriftstellern wie Hans Friedrich Blunck, Richard Euringer, Hanns Johst und Will Vesper. Auch die Urschrift von Hans Grimms *Volk ohne Raum* war zu sehen.[8]

Im Frühjahr 1936 veranstaltete die „Reichsstelle zur Förderung des deutschen Schrifttums" mit Kästners Beteiligung in seinem Buchmuseum eine Ausstellung zur Stärkung des deutschen Kampfgeistes unter dem Titel: „Das wehrhafte Deutschland". 400 Gegenwartsbücher wurden gezeigt.[9]

Im März 1941 bekam Kästner Sonderurlaub von seiner Luftwaffeneinheit, bei der er gerade diente, um eine delikate Aufgabe zu erfüllen: Im Auftrag von Hans Posser, Direktor der Dresdner Gemäldegalerie und Sonderbeauftragter des „Führers", sollte Kästner den Ankauf der Privatbibliothek des in die Schweiz emigrierten österreichischen Rechtsanwalts Ludwig Töpfer durchführen. Die Sammlung umfasste 8000 bis 9000 Bände und bestand vor allem aus Erstausgaben deutscher Literatur des 18. und 19. Jahrhunderts. Die Bücher waren für Hitlers Museum in Linz gedacht. Kästner erledigte den Auftrag.[10]

Im Juni 1936 gab es eine entscheidende Wende in Kästners Leben: Er trat als Sekretär in die Dienste des Dramatikers und Nobelpreisträgers von 1912, Gerhart Hauptmann (1862-1946), ein, zu dem Kästner seit 1934 eine enge Verbindung unterhielt. Kästners Freunde und Verteidiger und auch er selbst haben diesen Schritt immer politisch begründet. So beurteilt Julia Freifrau Hiller von Gaertringen seinen Beschluss, für den greisen Dichter zu arbeiten, in diesem Sinne: Als der politische Druck auf Kästner zunahm, „nahm er die Gelegenheit wahr und floh in einen beruflichen Freiraum als Sekretär Gerhart Hauptmanns."[11] Die Entscheidung, zu Hauptmann zu gehen, der ihm als Symbol des geistigen Deutschland erschien, verstand Kästner selbst als ein deutliches Bekenntnis zum geistigen Widerstand. „Im Hause Hauptmann herrschte Geistesfreiheit, dort erfuhr Kästner, inwiefern das Schreiben eine widerständige Haltung sein konnte." Und: „Ihm (Hauptmann, der Verf.) zu dienen war also auch eine politische Stellungnahme." Für Kästner selbst war der Autor der *Weber* und der *Ratten* das „Symbol des schweigenden, heimlichen Deutschland".[12]

Aber der konservativ und national denkende Dramatiker dachte in Wirklichkeit gar nicht daran zu schweigen, sondern erging sich nach 1933 in Loyalitätserklärungen und Treueschwüren für die neuen Machthaber. Damit blieb er sich politisch treu. Denn in seinen Tagebüchern aus der Zeit des Ersten Weltkrieges hatte er mit einem pathetischen Hurrapatriotismus den Vormarsch der deutschen Truppen mit den Worten bejubelt: „Wir müssen siegen! Oder untergehen!" und Verse wie diesen verfasst: „Komm wir wollen sterben gehen/ in das Feld, wo Rosse stampfen,/ wo die Donnerbüchsen stehn/ und sich tote Fäuste krampfen."[13] Schon 1917 sehnte er den „starken Mann" herbei: „Unbewusst sehnen wir uns nach dem Manne, dem mächtigen: das kann aber weder ein Ludendorf noch ein Hindenburg sein, denn diese Leute sind nur mächtig durch die Gnade ihres Kaisers. Es muss ein Mann sein, nur von sich und seiner Kraft her wirkend, herrschend, und getragen von den Ideen seiner Zeit."[14]

Als der Ersehnte dann da war, bezeichnete er ihn als den „großen Einsamen, der tatsächlich seit Menschengedenken das größte politische Ereignis Deutschlands" sei. Er bejubelte Hitler als „Weltgenie" und „Sternenschicksalsträger des Deutschtums". Noch im September 1944 versicherte er: „Der Führer kennt meine Achtung vor seiner gewaltigen schicksalhaften Persönlichkeit".[15] Hauptmann glaubte an die „nationale Wiedergeburt" durch den Nationalsozialismus und unterschrieb die von Gottfried Benn formulierte Ergebenheitsadresse der

Preußischen Akademie der Künste, die zur unbedingten Loyalität mit der nationalsozialistischen Regierung verpflichtete.[16]

Hauptmann ließ sich - auch wenn führende Nationalsozialisten wie Josef Goebbels oder Alfred Rosenberg zeitweise zu ihm auf Distanz gingen - immer wieder vor den propagandistischen Karren der braunen Machthaber spannen. Er begrüßte öffentlich die Entscheidung Hitlers, den Völkerbund zu verlassen und forderte 1936 nach dem Einmarsch deutscher Truppen in die entmilitarisierte Rheinlandzone dazu auf, bei der bevorstehenden Reichstagswahl NSDAP zu wählen. Die Vereinigung mit Österreich 1938 bejubelte er als „unabwendbar folgerichtige Verwirklichung einer geschichtlichen Notwendigkeit. Es war ein Sohn Deutsch-Österreichs, dessen eisernen Willen die Mächte hinter den Sternen ausersahen, um ihr längst gefallenes Verdikt über Nacht zu verwirklichen."[17] Auch die Okkupation des Sudetenlandes fand seinen öffentlichen Beifall. Den Zweiten Weltkrieg empfand er als notwenige Korrektur der Geschichte, um Deutschland nach dem verlorenen Ersten Weltkrieg wieder den ihm gebührenden Platz unter den Mächten zu verschaffen.[18]

Er hielt Rundfunkreden für die Soldaten an der Front. Von einem Zeitungsartikel, den er über die selbst miterlebte Bombardierung Dresdens geschrieben hatte, war Goebbels so begeistert, dass er seine Distanz zu Hauptmann überwand und ihn den „ersten Dichter des Reiches" nannte.[19] Der Germanist Hans Sarkowicz schreibt über Hauptmann: „Kein anderer bedeutender deutscher Autor hat sich so vorbehaltlos und über so lange Zeit in den Dienst der nationalsozialistischen Diktatur gestellt. Verhaltene Kritik am Terrorregime äußerte er, wenn überhaupt, in seinen persönlichen Aufzeichnungen, die allerdings unter Verschluss blieben."[20]

Bei diesem Mann also arbeitete Erhart Kästner in den Jahren 1936/37 und meinte, bei ihm einen politischen Freiraum inmitten der braunen Diktatur gefunden zu haben. Hauptmanns politische Einstellungen – vor allem sein passives Hinnehmen von geschichtlichen Entwicklungen – hingen eng mit seinem Glauben an unentrinnbare Schicksalsmächte zusammen. Er war zutiefst davon überzeugt, dass man eine Weltordnung, die die Menschen unterwirft, akzeptieren muss. Geschichte hat in seinem Denken die Gestalt des endgültig Unausweichlichen. Man kann, wie er später sagte, nicht gegen einen Wasserfall anschwimmen.[21] Auch die Personen in Hauptmanns Dramen sind schicksalsergeben. Der Literaturwissenschaftler Hans Mayer sagt von ihnen: „Sie sind getriebene, gestoßene Menschen, nicht aus ihrer Tat erwächst Schuld oder Verstrickung. Die Hauptmann-Dramen zeigen Menschen, denen ‚es zustieß‘, ohne dass sie sich darüber klar geworden wären, wie alles kam. Und denen nichts anderes bleibt, als mitzumachen."[22]

„Sternenschicksalsträger", die „Mächte hinter den Sternen", „geschichtliche Notwendigkeit" – diese Hauptmannschen Begriffe könnten auch von Erhart Kästner stammen. Es ist anzunehmen, dass der Jüngere den Glauben an eine unentrinnbare, geschichtslose Schicksalsmacht von dem Älteren übernommen hat oder zumindest von ihm darin bestärkt worden ist. Wenn Kästner später in Griechenland den Krieg, den Hunger, die Leiden und das Elend der Menschen nicht als Folge von Taten politisch und militärisch Handelnder ansieht, sondern als Wirken ewiger mythischer Kräfte, dann liegt hier zweifellos der starke Einfluss Hauptmanns vor, dem er sich geistig ja so nah fühlte.

Bezeichnend für Kästners politische Haltung in dieser Zeit ist auch folgende Episode aus dem Jahr 1938. Er arbeitete zu dieser Zeit schon nicht mehr für Hauptmann, unterhielt aber engen Kontakt zu ihm. In einer Neuauflage von *Meyers Lexikon* sollte über Gerhart Hauptmann der entscheidende Satz stehen: „(...) für die Neuausrichtung der deutschen Kultur sind jedoch seine Werke ohne Wirkungsmöglichkeit."[23] Mit anderen Worten: Hauptmanns Auffassung von „deutsch" entsprach nicht der Vorstellung der nationalsozialistischen Kulturfunktionäre. Ein Faktum, auf das Hauptmann eigentlich hätte stolz sein können. Der Nobelpreisträger war aber empört und sah Intrigen gegen sich am Werk. Er wies auf seine „nationale Gesinnung" und seine „Volksverbundenheit" hin und darauf, dass so gut wie alle seine Stücke „deutsche" Stoffe behandeln. Außerdem sei er es gewesen, der das Wort „national-sozial" geprägt habe. Er schrieb in einem Brief an Erhart Kästner: „Will sagen: Ich verlangte, dass wir national-sozial werden sollten. Ich bilde mir auf mein Vorläufertum gewiss nichts ein, aber wenn ich nicht da wäre, müsste man mich erfinden."[24]

Hauptmann bat Kästner um Hilfe in dieser Sache. Dieser teilte seine Empörung, sprach von „grober Unwahrheit" und „Irreführung", von „Schädigung" des Rufs des Autors und erwog eine Klage.[25] In einem Brief an die Lexikon-Redaktion sprach er sogar von „Beschimpfung", „Kränkung" und „Ehrabschneidung" Hauptmanns und drohte damit, ausgerechnet die Reichsschrifttumskammer von Propagandaminister Goebbels als Richter anzurufen. In demselben Brief verteidigte Kästner Hauptmann mit den Sätzen: „Konnte man nicht vorgestern am Großdeutschen Tag aus Wien am Rundfunk hören, wie die Treuegrüße aus den Heimatgauen dem Führer überbracht wurden und der Frankengruß lautete: ‚Von Florian Geyers Burg'? Niemand aber kannte den Namen Florian Geyer, außer ein paar Fachgelehrten, bevor ihn Hauptmann zum Helden seines Volkes machte."[26] Der Verlag erklärte sich zu einer Änderung bereit. Sie hieß nun in für Hauptmann abgeschwächter Form: „Viele Motive seiner Dichtung scheinen überholt, weil sie durch den Lebensaufbruch 1933 zur Erfüllung kamen. Es bleibt aber unvergessen, dass er die soziale Not der unteren Schichten zum Anliegen der Bühne erhob in einer Zeit, als es noch gefährlich war, dafür einzutreten."[27]

Trotz so nahtloser weltanschaulicher Übereinstimmung kam es zu Differenzen zwischen den beiden, die aber im persönlichen

Bereich lagen. Der Privatsekretär fühlte sich offenbar als Lakai und Dienstbote des alten Dichters, der ihm wohl auch keine Entfaltungsmöglichkeiten mehr für ein eigenes Leben ließ. Kästner sprach von „Domestikendasein" und „Fürstendienst"[28] und trennte sich von Hauptmann. Mit der Distanz wuchs aber die Zuneigung wieder. In den Briefen, die Kästner zu Beginn der vierziger Jahre aus Griechenland an Hauptmann schrieb, redete er den Dichter mit „All verehrter Herr Doktor, mi Pater!" oder mit „Über alles verehrter, geliebter Herr Doktor!" an. Schrieb er an das Ehepaar Hauptmann, dann nannte er sie „Verehrteste Eltern!" und schloss seine Schreiben so gut wie alle mit dem Schlusssatz „Wie immer in Liebe Ihr Sohn Erhart Kästner".[29]

Wie sehr Kästner den Älteren als seinen geistigen Vater empfunden haben muss, wird erst verständlich, wenn man dessen Einfluss auf die Griechenland-Bücher des Jüngeren ermisst, die dieser als „Dichter im Waffenrock" im Auftrag der Wehrmacht schrieb. Kästner sah sich als „Sendboten" Hauptmanns in Griechenland an, ja als sein „Mittler" und „Medium". Seine Versuche, das Land kennenzulernen und sich zu erschließen, verstand er als eine Fortsetzung von Hauptmanns *Griechischem Frühling*. Dieser hatte 1907 das Land bereist und seinen Reisebericht 1908 unter diesem Titel veröffentlicht.[30]

Kästner schrieb im Februar 1942 in einem Brief an Hauptmann: „Denn Sie wissen ja, dass ich mich hier in Griechenland in meinem Soldatenrock ein wenig als Ihren Abgesandten und Ausgesandten fühle, als ein kleines Mitglied Ihrer platonischen Akademie von Agnetendorf [der Wohnsitz Hauptmanns im Riesengebirge], und dass ich gleichsam für Sie und in Ihrem Auftrag alles das sehe, was mir hier zuteil wird."[31] Im September desselben Jahres schrieb er an Hauptmann: „Es steckt ja in dem, was ich da für unseren Luftgau kritzele, sowieso nichts wie der heißgeliebte *Griechische Frühling* (...) Ich treffe wohl auch etwa das Rechte, wenn ich meine Bemühung als eine kleine verspätete Nachwehe zum *Griechischen Frühling* bezeichne."[32]

Alle Elemente, die es in Kästners Griechenland-Büchern aus der Zeit des Zweiten Weltkrieges gibt, finden sich schon in Hauptmanns *Griechischem Frühling*: die Bezugnahme auf die Antike, die Sichtweise auf das moderne Griechenland und die ideologischen Untertöne. Hauptmann kam auch als „Pilger" nach Griechenland, um ganz sinnlich und direkt die olympischen Götter wiederzufinden, um Homer und dessen Schilderungen von Landschaften und Menschen bestätigt zu sehen und die oft blutgetränkte und schicksalsbeladene Welt der antiken Tragödiendichter nachzuempfinden. Das Hellas am Beginn des 20. Jahrhunderts interessierte ihn nicht, und wenn er es doch erwähnte, dann nur voller Hochmut und Verachtung. Die Ewigkeit des Mythos wollte er erleben – die Geschichte, die es nach der Antike auf diesem Boden gegeben hatte, überging er. Sie war ihm nicht der Erwähnung wert. Dieses „herrliche Götterland" empfand er als überall mythisch, man musste den Mythos nur wahrnehmen können. Eine „unbezwingbare" Sehnsucht trieb ihn, „sich in die untergegangene Welt der Hellenen wie in etwas Lebendiges einzudrängen".[33]

Die Seele gerät ihm überall dort „in einen luziden Zustand, wo es ihr möglich wird, von allem Störenden abzusehen und deutliche Bilder längst vergangenen Lebens in die phantastische sogenannte Wirklichkeit hineinzutragen".[34] Im Dionysos-Theater am Fuße der Akropolis, wo einst die griechischen Tragödien aufgeführt wurden, überfiel ihn ein Rausch der „Göttergegenwart", denn hier hatten die Götter als Zuschauer gesessen: „Dass es so war, ist für mich eine Wirklichkeit."[35] Oben auf der Akropolis fühlte er ganz intensiv, wie hier „in solchem göttlichen Äther, atmend und heimisch in diesem heiligen Bezirk, erlauchte Menschen mit Göttern gelebt haben." Hier war der „Denker, der Staatsmann, der Priester, der Dichter in Nächten wie diesen mit den Göttern auf gleichen Fuß gestellt und atmete in gleicher Vertraulichkeit mit ihnen die gleiche elysische Luft".[36]

Auch die Natur ist überall vom Mythos erfüllt. Als er bei Korfu am Jonischen Meer steht und das Rauschen der Wellen hört, da vermeint er das „unentschiedene Schlachtgetöse homerischer Kämpfe" zu vernehmen. Als er ein Bad dort nahm, stieg er „im Meer zu den Najaden" hinunter.[37] Umgeben von einer solchen Natur oder auf den Säulentrommeln eines Tempels sitzend überkam ihn eine „unsägliche Wohllust des Daseins".[38] „Ausstieg aus der Zeit - Paradies" wird Erhart Kästner einige Jahrzehnte später im Zweiten Weltkrieg dieses Gefühl nennen. Beide suchten das mystische Einssein mit dem ewig Griechischen.

Diese elysische Behaglichkeit wurde nur durch die griechische Gegenwart gestört - vor allem durch die Armut und das Elend der Bewohner dieses Landes, die mit den einstigen „göttlichen" Hellenen nichts mehr zu tun hatten. überall lungern „vertierte Bettler" herum, die von „Müllhaufen zu Müllhaufen wandern. Welch ein unbegreifliches Los der Erbärmlichkeit! Mit Hunden und Katzen um den Wegwurf streiten!". Man hat Mühe, diesen zerlumpten Gestalten auf den Plätzen und in den Gassen aus dem Weg zu gehen. Als einer dieser Bettler sich ihm nähert, überfällt ihn Entsetzen und Ekel: „Es ist schwer, sich etwas so Abstoßendes vorzustellen wie dieses verlauste, unflätige, barfüßige und halbnackte Gespenst."[39]

Die Menschen wohnen „in steinernen Häuschen - Höhlen der Armut" oder in „erbärmlichen Höfen". über den Stacheln von Aloepflanzen sind „unglaubliche Lumpen" zum Trocknen aufgehängt. überall riecht es nach stinkendem Müll. Arbeit scheint hier ein Fremdwort zu sein: „Die Weiber faulenzen, liegen im Dreck und sonnen sich."[40] Lärm und Unrat in diesem modernen Griechenland sind unerträglich - „wir sehnen uns in das unmoderne", schreibt Hauptmann[41] und fragt sich zweifelnd, „ob wir Träume nicht vielleicht mit stärkerer Liebe liebten als die Wirklichkeit".[42] Dieses Gefühl hat er vor allem im modernen Athen mit seinem Krach und Schmutz; er muss diese Stadt erst „überwinden", bevor er sich an den historischen Orten dem Geist der ersehnten Vergangenheit hingeben kann.[43]

Aber manchmal tauchen auch Griechen auf, die ihn bei aller Armut faszinieren, weil sie Gestalten aus der Antike gleichen. Eine hübsche Wäscherin an einem Brunnen scheint ihm eine der Mägde der Kirke aus Homers *Odyssee* zu sein. Bei einer Zugfahrt lernt er junge Griechen kennen, unterhält sich mit ihnen und ist glücklich, dass er einen unter ihnen entdeckt, der dem antiken Staatsmann Alkibiades (450-404 v. Chr.) gleicht. Die wahren und echten Menschen des modernen Griechenland aber sind die Hirten. Vor allem einer, dem er im Parnass bei Delphi begegnet, wird ihm zum Inbegriff dieses archaischen Berufsstandes. Dieser Greis mit langem weißen Bart ist für ihn der „geborene Edelmann", aus seinem Gesicht sprechen „Güte und Menschlichkeit", er ist das „Gegenteil aller Barbarei". Dieser Hirte scheint von „edler Abkunft" - er ist von einer „jahrtausendealten verfeinerten Hirtenwürde!" Hauptmann resümiert: „Denn wo wäre die Freiheit der Haltung, die stolze Gewohnheit des Selbstgenügens, die Würde des Menschen vor dem Tier weniger gestört als im Hirtenberuf?"[44]

In Begeisterung gerät Hauptmann, wenn die Hirten auch noch „blonde Köpfe haben, deren antiker Schnitt unverkennbar" ist. Dann muss es sich um „Helden oder Halbgötter" handeln.[45] Solche Zusammenhänge können auch nicht verwundern, denn Hauptmann konstatiert: „überhaupt erscheinen mir die homerischen Zustände den frühen germanischen nicht allzu fernstehend."[46] Überall auf seiner Reise sieht Hauptmann Menschen, die eigentlich sehr „deutsch" aussehen und einem „nordischen" Ideal entsprechen.

Im Dorf Potamo auf Korfu ist es ein Schmied oder Schlosser: er ist „blauäugig, blond und von durchaus kernigem, deutschem Schlag, seiner Haltung und dem Ausdruck seines Gesichtes nach".[47] In Pelleka - einem anderen Dorf der Insel - fasziniert ihn ein Kind, das ihn zusammen mit anderen anbettelt:

91

„[Die Kinder] sind fast durchgängig brünett. Aber es ist auch ein blondes Mädchen da, blauäugig und von zart weißer Haut: ein großer, vollkommen deutscher Kopf, der als solcher auf einem Leiblschen Bilde stehen könnte."[48]

In Itea bei Delphi sieht er eine Gruppe von Bauern und stellt fest: „Es scheint ein in mancher Beziehung veredelter deutscher Schlag zu sein, so überaus vertraut in Haltung, Gang und Humor,' in den Proportionen des Körpers sowie des Angesichts, mit dem blonden Haar und dem blauen Blick, wirken auf mich die Trupps der Landleute." Unter ihnen fällt ihm ein blondes Mädchen auf: „Sie ist frisch und derb und germanisch kernhaft. Die Art ihres übermütigen Grußes ist zugleich wild, verwegen, ungezogen und treuherzig. Sie würde sich von der jungen und schönen deutschen Bauernmagd, wie ich sie auf den Gütern meiner Heimat gesehen habe, nicht unterscheiden."[49] In Sparta erblickt er eine Dorfschöne, die ganz dem „deutschen Urbild" entsprach."[50]

Solche Menschen passen in die Landschaft, die Hauptmann in Griechenland überall sieht: Sie ist rein nordisch oder deutsch. Selbst in Athen fühlt er sich wie zu Hause: „Starker Wind. Gesundes, sonniges Wetter. In der Luft wohnt deutscher Frühling. Der Parthenon: stark, machtvoll, ohne südländisches Pathos, rauscht im Winde laut wie eine Harfe oder das Meer. Ein deutscher Grasgarten ist um ihn herum."[51] In Delphi fasziniert ihn die Natur, die „nordische Rauheit und nordischen Ernst mit der Weichheit und Süße des Südens vereinigt".[52] In der Landschaft Elis bei Olympia sind es urige, knorrige Bäume, die ihn an zu Hause erinnern. Er traut sich kaum, sie zu benennen, so erstaunt ist er über ihr Dasein hier in mediterraner Umwelt: „Aber es sind und bleiben doch Eichen, deutsche Eichen, so alt und mächtig entwickelt, wie in der Heimat sie gesehen zu haben ich mich nicht erinnern kann."[53]

Zu solch einer Landschaft passen für Hauptmann aber auch nur nordische Menschen und nicht die schwarzhaarigen, dunkelhäutigen und in Lumpen bettelnden Griechen. Auf dem Schiff, das ihn von Korfu nach Patras bringt, entdeckt er ein Frau, die seinem Idealtyp entspricht: „Eine schlanke, hohe, jugendschöne Engländerin mit den edlen Zügen klassischer Frauenbildnisse ist an Bord. Seltsam, ich vermag mir das homerische Frauenideal, vermag mir eine Penelope, eine Nausikaa nur von einer so gearteten *Rasse* (Hervorhebung des Verf.) zu denken."[54]

Der Rassegedanke begleitet Hauptmann auf seiner ganzen Fahrt durch Griechenland. Weil ihn die modernen Griechen so abstoßen, hat er immer den Idealtyp vor Augen, wie es ihn in seiner Sicht in der Antike gegeben hat und wie er in Zukunft wieder erstehen muss. Als er im antiken Stadion von Delphi sitzt, erinnert er sich jener „göttergleichen, jugendlich kraftvoll schönen Hellenen"[55], die hier einst Sport trieben: „Hier ist für die Schönheit und den Adel der griechischen Seele, für Schönheit und Adel des Körpers der Muttergrund. Hier wurde das schon Geschaffene umgeschaffen, das Umgeschaffene zum ewigen Beispiel und auch als Ansporn für *höhere Artung* (Hervorhebung des Verf.) in Erz oder Marmor dargestellt."[56]

Hauptmann schwebt die Schaffung eines „neuen und höheren Menschen" im Sinne des antiken Vorbildes vor und er ruft den Olympier Goethe als Zeugen für dieses Unternehmen an. Denn der Weimarer Klassiker habe sein ganzes Trachten und Streben in den Dienst dieses „Endzwecks" gestellt. Wer sein Ringen um dieses Ziel nicht begriffen habe, der habe den „Magier Goethe nicht verstanden".[57]

In Sparta, das die Nationalsozialisten später den „ersten Rassenstaat der Geschichte" nennen werden, fällt ihm Lykurg, der sagenhafte Begründer der spartanischen Verfassung ein, der ursprünglich ein Hirte und Schäfer gewesen sei. Wie jene Viehhüter habe er den Nachwuchs seines Volkes in Herden eingeteilt - nach rassischen Kriterien, muss man ergänzen. Denn Hauptmann gefällt an diesem spartanischem Führer der

„entschlossene Züchtergedanke". Diese „Züchtungsmoral" scheint ihm auch für die eigene Gegenwart hoch aktuell: „Es hat den Anschein, als wenn die Moral des Lykurg in einem größeren Umfang noch einmal aufleben wollte. Dann würde sein kühnes und vereinzeltes Experiment, mit allen seinen bisherigen Folgen, vielleicht nur der bescheidene Anfang einer gewaltigen Umgestaltung des ganzen Menschengeschlechts sein."[58] Dazu passt, wie Hauptmann an anderer Stelle seine eigene Rolle als Dichter beschreibt: „Was wäre ein Dichter, dessen Werk nicht der gesteigerte Ausdruck der Volksseele ist."[59] Was der spätere Nobelpreisträger hier vorbringt, ist völkischer NS-Jargon, und man versteht, warum er dann nach 1933 die Urheberschaft für das Wort „national-sozial" beanspruchte.

Das Griechenland des Jahres 1907 war für Hauptmann ein zeit- und geschichtsloses Land, ohne Gegenwart, denn Hellas sei nach seiner einmaligen kulturellen und politischen Blüte in der Antike wieder auf ein barbarisches Niveau zurückgesunken. Ein Land, das für den reisenden Dichter nur noch von dem Blick auf die Vergangenheit lebt – es hat keine andere Existenzberechtigung mehr. Nur wer die Landschaften und die steinernen und marmornen Ruinen noch zu schauen und zu deuten weiß, für den erstehen die Götter wieder und sie verschaffen ihm dann eine beseligende Teilhabe an diesem elysischen Dasein. „Ich bin hier, um die Götter zu verehren, zu lieben und herrschen zu machen über mich."[60]

Die Kulturblüte Griechenlands war aber eine – verglichen mit den heutigen barbarischen Griechen – Leistung einer anderen „Rasse", edler, groß gewachsener Menschen mit blonden Haaren und blauen Augen, die aus dem Norden kamen. Durch Hinabtauchen in den Mythos lässt sich ihr heroisches Dasein auf dieser griechischen Erde noch intuitiv nachvollziehen. Denn dieser Mythos ist nicht tot, er ist ewig. Aus ihm geht aber auch die Forderung nach einem „neuen Menschen" hervor.

Das ist die Botschaft von Gerhart Hauptmanns *Griechischem Frühling*. Erhart Kästner, der ganz in der Nachfolge Hauptmanns durch Hellas reiste und seine beiden frühen Griechenlandbücher als „Nachwehen" des Hauptmannschen Buches betrachtete, wird die Gedanken seines geistigen Lehrmeisters und Vorbildes gut drei Jahrzehnte später wieder aufgreifen und sie im Dienste der deutschen Wehrmacht als „Dichter im Waffenrock" - angereichert mit dem NS-Gedankengut seiner Auftraggeber - erneut verbreiten.

Viertes Kapitel

Plädoyer für das Vergessen oder: War Erhart Kästner ein Humanist und Philhellene?

Im Juni 1945 wurden die in der Ägäis zurück gebliebenen deutschen Soldaten – unter ihnen Erhart Kästner, der sich zuletzt auf Rhodos befand – von den Engländern in Gefangenenlager nach Ägypten gebracht. Kästner wurde in Tumilat interniert, einem Wüstenflecken bei Port Said. Die Lebensbedingungen in der Zeltstadt, die die britischen Militärs hier errichtet hatten, waren hart, aber nicht unerträglich. Kästner hatte vor allem viel Zeit für sich zum Nachdenken, Schreiben und zur Kommunikation mit den Mitgefangenen. Fast anderthalb Jahre musste er hier verbringen. Über diese Zeit hat er – wieder zu Hause in Augsburg – 1947 bis 1949 das *Zeltbuch von Tumilat* geschrieben, das 1949 erschien.

In diesem Buch reflektiert Kästner in abgehobener Sprache über Gott und die Welt. Er beschwört die Schicksalhaftigkeit und Unentrinnbarkeit des immer in gleicher Weise die Menschen heimsuchenden Krieges: „Über die Jahrhunderte hin war jenes Ohnegleichen eines sinnlosen Krieges, jenes völkerverwirrte Über-die-Länder-Ziehen und Länder-Verwüsten wieder nach oben getrieben im brodelnden Angst-Traum der

Welt."[1] Er klagt die Grausamkeit der Russen in diesem Krieg an, die deutschen Unteroffiziersschülern die Hälse durchgeschnitten hätten.[2] Als er im Lager von der Zerstörung Dresdens und anderer Städte hört, ist er tief erschüttert. „Den Untergang dieser Stadt schien sich der Satan als etwas Besonderes bis zum Schluss aufgehoben zu haben. Niemals vielleicht, solange die Erde bestand, wurden so viele Menschen in einer Stunde zu Tode gequält, niemals so eine Summe von Schönheit in einer Stunde zerstört."[3] In einer Welle von Selbstmitleid klagt er: „Mir sank alle Hoffnung dahin (...) Weiterzuleben war offenbar nur in sinnloser Leichtfertigkeit möglich."[4] Zu überleben war für ihn schrecklicher als zu sterben.[5]

Sein Selbstmitleid steigert sich ins Unermessliche, als er vom Tod seines „Vaters" Gerhart Hauptmann erfährt: Diese Nachricht „gab mir das Gefühl, als sei viel Licht, das ich bis dahin kaum wahrnahm, weil ich die Welt ohne sein Glänzen nicht kannte, mit einem Male erloschen. Es hieß, Deutschlands großer Dichter sei tot."[6] Noch einmal ließ er in seiner tiefen Trauer vor seinem inneren Augen die Stationen des Zusammenseins mit dieser für ihn so gigantischen Gestalt Revue passieren.

Kästner philosophiert auch über die Unendlichkeit des Sandes, den er von seinem Lagerzaun aus sieht und erkennt: „Die Wüste macht frei."[7] Er war fasziniert von der ewigen Harmonie des Sternenhimmels über ihm und dem so widersprüchlichen Phänomen der Zeit, das er im Lager so intensiv erlebte, weil er so viel davon hatte: „Vielleicht war sie wirklich nur ein Hinzutun des Denkens, das eingespannt ist zwischen Geburt und Tod wie eine Saite zwischen zwei Enden: nun kann sie nicht anders erklingen als auf ihren einzigen Ton."[8] Er denkt im Zusammenhang mit den Bildern Paul Klees, die im Lager als Reproduktionen kursierten, über die „Dinge" nach: dass sie eine Seele und ein eigenes Sein haben – er wird ihnen später ein ganzes Buch widmen (*Aufstand der Dinge*, 1973). Er reflektiert über die Kunst: „Vollkommene Kunst hat immer das

Selbstverständliche an sich, es ist ihr Adelsbeweis. Es ist das Abzeichen ihrer Herkunft aus der oberen Welt, ihre Vollkommenheit deckt sich mit dem, was in uns schläft, wir hatten es immer geahnt."[9]

Und Hitlers Krieg, der den Deutschen die Weltherrschaft bringen sollte? Und Griechenland und Kreta? Was schreibt er über den Überfall der Deutschen auf dieses kleine Land und ihre grausame Besatzungsherrschaft dort – nun, wo er sich frei ausdrücken kann und keiner Zensur mehr unterliegt? Was hat er, der selbsternannte Griechenlandfreund, dessen Liebe zu diesem Land angeblich aus dem Krieg stammte, nun zu den Orten Kommeno, Distomo, Kalavrita, Anogia, Alikianos, Viannos, Kandanos, Furnes, Skines und und und zu sagen, wo der Schrecken regierte? Zur Verheerung von Dörfern, von denen nur rauchende Trümmer blieben? Zu Hunger und Elend in den Städten, die er mit eigenen Augen gesehen hatte und die die Folge der Anwesenheit der deutschen Truppen waren? Kästner erwähnt die Leiden der Griechen mit keinem Wort, er schweigt zu den Verbrechen. Auch ein aufrichtiges Wort der Trauer und des Bekenntnisses der Mitverantwortung und der Mitschuld an dem, was in Griechenland in deutschem Namen von 1941 an geschehen ist, gibt es nicht.

Da gibt es nur die freudige Erinnerung, dass er „in Griechenland vier Jahre hindurch große persönliche Freiheit genoss und allein auf den Bergen und den Inseln gewandert war".[10] Er beklagt den Verlust an antiken und byzantinischen Kunstschätzen, die der Krieg dem Land zugefügt habe.[11] Ein einziges Mal spricht er von Scham: „Wir schämten uns, einer Zeit anzugehören, in der so etwas geschah"[12], aber er meint damit die Zerstörungen in Deutschland. Und er erklärt sich selbstgerecht für nicht schuldig: „Mir war der Himmel während des Krieges gnädig gewesen; ich hatte Grund, auf den Knien dankbar zu sein. Mir blieb erspart, unter Mordenden mitmorden zu müssen."[13] Also doch: Mord hatte es gegeben.

Und sein Pakt mit Hitlers Generälen, in deren Auftrag er mehrere Jahre in Hellas wandern konnte, um für Hitlers Soldaten Propagandabücher zu schreiben? Kästner plädiert für das Vergessen. Aus den Kriegserzählungen der Kameraden im Lager erfährt er furchtbare Geschehnisse, die sie an den verschiedenen Fronten erlebt hatten. In deren Folge tragen sie in ihren Köpfen schreckliche, alptraumhafte Bilder mit sich. Kästner will diese Bilder, weil die Menschheit ja doch nichts aus ihnen lerne, „ins Vergessen schütten, es wäre das beste gewesen für sie und die Welt". Und: „Vergessen, vergessen. Man weiß, dass das Leben nur möglich ist, wenn man vergisst."[14]

Um Vergessen möglich zu machen, greift Kästner zu einer psychologischen oder philosophischen Hilfskonstruktion oder List: Er erklärt Schein und Wirklichkeit für identisch – wenn aber alles nur Traum ist, dann hat es die furchtbare Realität nie gegeben: „Wenn wir begreifen, dass Schein nicht weniger als Wirklichkeit ist, sondern mehr: so bleibt uns im Kerker immerhin eine Art Tür: das Bewusstsein, dass alles ein Gang durch eine Traumlandschaft ist, eine Wanderung, die uns nur zeitweilig von einer Heimat der Klarheit entfernt, die wir nie gänzlich vergaßen: so wie in manchen Träumen eine Erinnerung ist, dass wir sie nur träumen …"[15]

Kästner präsentiert ein lebendes Gegenargument für sein Vergessen-Plädoyer. Es gab einen Kameraden im Lager, der nicht vergessen, der die Dämonen der ihn bedrängenden Bilder nicht einfach unterdrücken konnte und sich sein Entsetzen anfallartig herausschrie. Er konnte die Vergangenheit nicht bei sich behalten und musste sie regelrecht erbrechen – ein Irrer, ein Verrückter, der auf die Krankenstation gebracht wurde …

„Schreiben", hat Kästner in *Ölberge. Weinberge* formuliert, sei für ihn eine Art „Bußübung": „Das Öffentlichmachen, wenn es überhaupt einen Sinn haben soll, kann nur ein Geständniszwang sein."[16] Aber wann und wo hat Kästner schreibend

Buße getan oder gestanden? 1947 wurde er aus der britischen Kriegsgefangenschaft entlassen und als „Antifaschist" (Kriegsgefangenenkategorie A) eingestuft.[17] Über England kehrte er in seine Heimatstadt Augsburg zurück. Er fährt durch das zerstörte Deutschland, sieht vom Zug aus die zerbombten Städte und ist erschüttert. Er beschreibt seine Eindrücke, als er das verwüstete Würzburg daliegen sieht: „Es war furchtbar. In unserem Wagen ohne Sitzbänke wurde es still, was war auch zu sagen? Also das war unser künftiges Leben."[18]

Kästner muss dann nach Dachau fahren, um dort seine Entlassungspapiere zu bekommen. Dem Namen dieser Stadt haftet heute noch der Schrecken seiner Geschichte an, und sie wird ihn nie verlieren. Hier bauten die Nazis auf Befehl Heinrich Himmlers ihre erste Todesfabrik. Dachau war der Ausgangspunkt des ganzen Terrorsystems, das anschließend installiert wurde. Es war zudem die „Mörderschule der SS", denn hier wurden die Schergen ausgebildet, die später in den anderen Todesfabriken ihren „Dienst" taten. Der Historiker Wolfgang Benz schreibt über diesen Schreckensort: „Die SS-Männer, die einige Jahre den millionenfachen Mord mit Giftgas durchführten, lernten zuerst im Konzentrationslager Dachau, anders denkende Menschen als minderwertig zu betrachten und sie kaltblütig zu ermorden. Die Umsetzung der nationalsozialistischen Theorien in blutige Realität nahm im Konzentrationslager Dachau ihren Anfang."[19]

Die ersten Häftlinge waren politische Gegner des Regimes: Kommunisten, Sozialdemokraten, Gewerkschafter. Dann folgten Juden, Homosexuelle, Zigeuner, Zeugen Jehovas und kritische Geistliche. Nach Kriegsbeginn wurden auch viele Ausländer aus den eroberten Gebieten – darunter auch viele Griechen – nach Dachau verschleppt. Sie mussten unter mörderischen Bedingungen Sklavenarbeit in verschiedenen Betrieben und Außenlagern der SS leisten. Ab 1942 erfolgten die Arbeitseinsätze vor allem in der Rüstungsproduktion. Im

Hauptlager fand der akribisch organisierte Massenmord statt. Ab Oktober 1941 wurden hier einige tausend sowjetische Kriegsgefangene hingerichtet. Die Gestapo brachte ihre zur Exekution bestimmten Gefangenen hierher. Viele starben bei medizinischen Experimenten einen qualvollen Tod. Neben 30 000 registrierten Toten haben im KZ Dachau weitere Tausende nicht amtlich vermerkte Häftlinge ihr Leben verloren. Sie starben an Hunger, Krankheit, Erschöpfung, Erniedrigung, an Schlägen, durch Folter; sie wurden erschossen, erhängt und mit Spritzen getötet.[20]

Erhart Kästner musste sich in diesem Lager, das am 29. April von den Amerikanern befreit wurde, registrieren lassen. Dieser Ort der deutschen Schande war ihm, der sonst in seiner Büchern in historischen Assoziationen nur so schwelgt, in seinem Aufsatz über seine Heimkehr 1947 kein einziges Wort wert. Er schreibt: „Das neue Lebenskapitel begann, als uns das Stacheldraht-Tor des Entlassungslagers, es war Dachau, durchließ. Unglaublich und nicht mehr für möglich gehalten: Jetzt konnte jedermann gehen, wohin er wollte. Kein Befehl, kein Verbot, kein Kommando. Jeder einzeln. Jedermann ein Privatmann. Seltsames Wort. Ein Privatmann."[21] Bei allem Verständnis für seine Situation, wären die unschuldigen Toten dieses Grauenortes nicht ein Wort des Gedenkens wert gewesen? In demselben Text widmet er dem zerstörten Augsburg dann viele Seiten.

Kästner konnte und wollte gegenüber dem Kriegsgeschehen nicht konkret werden. Dafür gibt es ein anderes bezeichnendes Beispiel. 1958 hielt er in Bremen die Preisrede für den Lyriker Paul Celan, dem in jenem Jahr der Literaturpreis der Hansestadt zugesprochen worden war. Die Sprache dieses vielleicht bedeutendsten deutschen Lyrikers nach 1945 gilt auch unter Experten als sehr schwer zugänglich, als undurchlässig, verfremdet und dunkel – Gedichte als „verrätselte Sprachkörper".[22] Aber diese kryptischen Wortgeflechte sind vor dem Hintergrund der individuellen Lebensgeschichte dieses Autors durchaus zu entschlüsseln: Celan, der deutschsprachig in der Bukowina aufwuchs, war Jude und musste die Jahre 1942/43 als Häftling in einem Konzentrationslager verbringen. Seine Eltern wurden in einem anderen KZ ermordet.

Der Germanist Wolfgang Emmerich schreibt über ihn: „Die individuelle Lebensgeschichte Celans ist durchtränkt von den traumatischen Erfahrungen des Jahrhunderts, und so sind es auch seine Gedichte. Ohne den Horizont dieser Schreckensgeschichte, kulminierend in dem Massenmord der europäischen Juden, können und dürfen diese Texte nicht gelesen werden."[23]

Die Ermordung seiner Eltern und das Schuldgefühl ihnen gegenüber, selbst überlebt zu haben, markieren den entscheidenden Bruch im Leben Celans, der weit über seine Biographie hinausgeht und seine Ausdrucksfähigkeit als Lyriker direkt beeinflusst. Denn mit der Ermordung der Eltern war die so geliebte deutsche Muttersprache zur Sprache der Mörder geworden.

Emmerich schreibt: „Es gab nicht nur einen Mörder, sondern ein ganzes Volk potentieller Mörder, das diese deutsche Sprache sprach und dem sie, bei seiner Meisterschaft im Töten, als nützliches Werkzeug diente. War es dann erlaubt, sich als Jude dieser Sprache zu bedienen als Medium der Poesie?"[24]

Die Deutschen besitzen – so muss man Celans berühmtes Gedicht *Todesfuge* deuten – eine doppelte Fähigkeit: zur Kunst und zum Töten. Ein Deutscher („er" genannt) befiehlt in den Versen den zum Tode geweihten KZ-Insassen, ihre Ermordung durch Musik und Tanz als Kunstwerk zu inszenieren. In den Todeslagern mussten die jüdischen Häftlinge ja wirklich Orchester bilden und für die Bewacher und Mörder aufspielen. In der *Todesfuge* heißt es: „Er ruft/ spielt süßer den Tod/ er ist ein Meister aus Deutschland/ er ruft/ streicht dunkler die Geigen/ dann steigt ihr als Rauch in die Luft."[25]

Celan selbst hat bemerkt: „Ich habe nie eine Zeile geschrieben, die nicht mit meiner Existenz zu tun gehabt hätte."[26] Das Dunkle und Schwerverständliche seiner Verse hat einen einfachen Grund: Er konnte mit der Sprache seiner Eltern, die ja zugleich auch seine Muttersprache war, dichterisch nicht mehr unbefangen im Sinne unmittelbarer Kommunikation umgehen. Die Kluft blieb unüberbrückbar; er musste eine Sprachbarriere errichten, um sich vor dem vereinnahmenden direkten Verstehen des deutschen Lesers zu schützen, der so hätte der Illusion anhängen können, er habe sich mittels des verstandenen Gedichts mit dem Opfer versöhnt, mitleidend identifiziert.[27]

In seiner Laudatio für den Preisträger Paul Celan im Bremer Rathaus ging Erhart Kästner nicht mit einem Wort auf diese Zusammenhänge ein. Krieg, Holocaust, deutsche Verantwortung oder Schuld – keiner von diesen Begriffen fand Erwähnung. „Schicksal" spricht er den Gedichten Celans zu, er spürt eine „Last, ein Gewicht, einen Mut, eine Trauer", fühlt „Überwindung, Drängen und Treiben".[28] Kästner bekennt, „dass diese Gedichte überfallen, dass sie zu einer wie immer gearteten Vorstellung zwingen". Aber zu welcher? Alle diese Begriffe bleiben so stehen, werden nicht mit historischen Inhalten assoziiert. Der Laudator überlässt die Bedeutung seiner Worte der Beliebigkeit. Er bekennt sogar ganz offen, dass er von Celans Biographie „nichts weiß (...) sie ist in jedem Fall weit weg, außer Ruf- und Hörweite". Konnte Kästner die Daten dieses Lebens für einen solchen Anlass nicht nachlesen? Gedichte, sagt Kästner, seien immer ein „Kampf um Wirklichkeit", sie schafften Wirklichkeit, in der wirklich und eigentlich gelebt werden könne.[29] Auch dieser Begriff wird nicht mir Inhalt angefüllt, er bleibt, wie die ganze Laudatio, eine Ansammlung von Worthülsen ohne Realitätsbezug.

Welche Wirklichkeit Celan in seinen Gedichten ansprechen wollte, hat er selbst in seiner Dankesrede für die Verleihung des Bremer Literaturpreises ausgedrückt. Es ging ihm um die Sprache, die selbst - wie die Menschen - in die Vernichtungsmühlen der Nazis geraten war. „Sie, die Sprache, blieb unverloren, ja, trotz allem. Aber sie musste nun hindurchgehen durch ihre eigenen Antwortlosigkeiten, hindurchgehen durch furchtbares Verstummen, hindurchgehen durch die tausend Finsternisse todbringender Rede. Sie ging hindurch und gab keine Worte her für das, was geschah: aber sie ging durch dieses Geschehen. Ging hindurch und durfte wieder zutage treten, ‚angereichert' von all dem."[30]

Erhart Kästner wollte offenbar von der Wirklichkeit des Holocaust - wie von der Wirklichkeit des Krieges in Griechenland und anderswo - nichts wissen, er erklärte beide zum Schein, verdrängte sie - oder flüchtete sich wie sein großes Vorbild Gerhart Hauptmann in den Schicksalsbegriff. Der alte Dichter hatte den Holocaust als „unabwendbares jüdisches Schicksal"[31] bezeichnet. Eine Formulierung, die Kästner sicher so als seine eigene Einstellung gegenüber dem Völkermord akzeptiert hat. Wenn gegen die Schicksalsmächte aber kein Ankommen ist, muss man sie offenbar auch nicht erwähnen.

Es gibt ein anderes bezeichnendes Beispiel für Kästners fatalistische Position gegenüber dem angeblich Unvermeidlichen. Als er 1952 auf einer Wanderung auf dem Rückweg von Delphi an Distomo vorbeikommt - jenem Ort des Schreckens, wo deutsche Soldaten 228 Zivilisten massakrierten -, will er das Dorf „meiden" und lieber zu einem nahen Kloster weiter gehen. Er berichtet aber in *Ölberge. Weinberge,* dass hier Soldaten vor acht Jahren in einen Partisanenhinterhalt geraten waren. „Darauf folgte eine planvolle Rache, sinnloses Morden an Frauen, Kindern, Bauern, wie es das Land noch nach 100 Jahren im Gedächtnis behält."[32]

Wer waren die Soldaten? Welche Nationalität hatten sie? Welcher Einheit gehörten sie an? Wer hatte den Befehl zu dem

Massaker gegeben? Hat die Mörder die gerechte Strafe ereilt? Kästner gibt keine Antwort auf diese Fragen, lässt alles im Vagen. Als er abends im Nachbardorf Stiri von Jugendlichen auf dem Platz zu einem Umtrunk eingeladen wird, hebt er sein Glas, „dem Leben eine Ovation darzubringen, dem Überleben, das die Schrecken der Geschichte verzehrt".[33] Die Schrecken der Geschichte, das Schicksal, auf jeden Fall eine höhere Macht haben offensichtlich das Blutbad in Distomo angerichtet – und nicht Soldaten des eigenen Volkes, ja einer Armee, der Kästner selbst angehört hat.

Gegen die „Vernichtungsgewalt" setzte Kästner – so hatte er schon in *Zeltbuch von Tumilat* geschrieben – die „Behauptung des Lebendigseins".[34] Was auch immer das ist, ein Wort der Anteilnahme, der Trauer oder des Mitleids hat Kästner in Distomo nicht gefunden. Er hielt an seiner unhistorischen, mythisch-fatalistischen Geschichtsauffassung fest.

Ein anderer Beleg für diese starre Haltung: In *Ölberge. Weinberge* schildert Kästner eine amüsante Begebenheit, die er im August 1943 im Kloster Megaspileon in den Bergen des Peloponnes erlebt hat. Er war dort nach einer Wanderung eingekehrt und wurde sehr freundlich aufgenommen. Der Mönch Bruder Simeon kümmerte sich rührend um den Gast und bewirtete ihn auch auf das feinste. Die kleine Hütte, die Kästner zum Schlafen zugeteilt wurde, hatte aber den Nachteil, dass nachts Schwärme von Wanzen über ihn herfielen. Er floh ins Freie und verbrachte den Rest der Nacht unter einer Platane. Am nächsten Morgen erschien Bruder Simeon und verstand sofort, warum der Fremde draußen geschlafen hatte, was ihm als Gastgeber natürlich sehr peinlich war. Alle Versuche Kästners, den Vorfall herunterzuspielen und den Mönch zu besänftigen, halfen nichts. Er war untröstlich . . .

Eine nette kleine Episode, die auch in jedem anderen Griechenlandbuch ihren Platz hätte – nur: vier Monate nach dem Besuch Kästners im Kloster waren die Mönche alle tot, auch

105

Bruder Simeon. „Waffenkameraden" Kästners – Soldaten der 117. Jägerdivision – hatten die friedlichen Mönche ermordet. Die Tat war Teil derselben Vergeltungsaktion, bei der im benachbarten Kalavrita 800 männliche Einwohner erschossen wurden. Unter ihnen war auch der Bürgermeister der kleinen Stadt, der Kästner ein Maultier und einen Führer besorgt hatte, damit er zu den berühmten Quellen der Styx aufsteigen konnte. In *Ölberge. Weinberge* erwähnt Kästner knapp zehn Jahre später das Schicksal der Mönche und des Bürgermeisters mit keinem Wort. Dafür widmet er aber den Wanzen fast eine Seite ...[35]

Kästner hat also seine Positionen nach dem Krieg nicht revidiert, hat seine Konzeption, die er von Griechenland hatte, nicht verändert. 1945 war für ihn keine Zäsur. Er hat aus seinen Büchern aber die politisch anstößigen Passagen gestrichen. Darunter fielen alle Abschnitte und Sätze, die direkt den Krieg oder die deutsche Besatzung, NS-Propaganda und NS-Ideologie betrafen. Unter den letzten Punkt fielen auch alle Bezüge zur Rassenideologie, im wesentlichen also die negativen Aussagen über die heutigen Griechen. Kästner war wohl der Meinung, mit dem Entfernen der anstößigen Passagen in seinen Büchern sei für ihn die Hitlerzeit erledigt.

Er blieb dabei, auch in seinen umgearbeiteten Büchern – vor allem in *Ölberge. Weinberge* und *Kreta* – sein ideales Griechenland aus dem Erlebnis der griechischen Natur und seiner antiken Relikte abzuleiten. Nur das klassische Altertum war ihm eine Betrachtung wert, der Rest der griechischen Geschichte und die politische Gegenwart dieses Landes sowie seine Menschen waren für ihn unwesentlich, interessierten nicht. Aufschlussreich ist auch, dass Kästner nicht einen einzigen der großen griechischen Gegenwartsliteraten erwähnt. Mit Banalitäten wollte er sich nicht abgeben. Er verstand Griechentum als „ewiges Licht und Adelsbrief des Abendlandes" und bezog sich dabei direkt auf den Klassiker Winckelmann.[36]

Er wollte als Dichter zeitlos gültige Wahrheiten vermitteln, da störte jeder Bezug auf historische oder aktuelle politische Realität. Auch den nun in Hellas tobenden Bürgerkrieg erwähnt er nirgendwo. Rückzug auf den reinen Geist und Festhalten an dem aus der Klassik abgeleiteten Humanitätsideal, das war - allen historischen und gegenwärtigen Widrigkeiten zum Trotz - Kästners Position auch nach 1945. Griechenland war für ihn weiter nur eine Idee, nichts Reales. Auch dabei blieb er: Die Not und das Elend der Griechen, die der deutsche Überfall und die deutsche Besatzung hervorgerufen hatten, nannte er auch weiter nicht beim Namen und beließ sie in der mythischen Sphäre des Archetypischen: Sie gehören zum griechischen Dasein - das war immer so und wird immer so bleiben. Mit der deutschen Besatzung hatte das ursächlich für ihn gar nichts zu tun.

Kästner fand in der deutschen Nachkriegsgesellschaft mit einer solchen Position viel Zustimmung. Das belegen die hohen Auflagen seiner Bücher, seine Präsenz im Literaturbetrieb und die vielen Ehrungen für seine Werke. Dieser Zuspruch entsprach der Weigerung des größten Teils des Bürgertums, sich mit der jüngsten deutschen Geschichte auseinanderzusetzen. Was in Griechenland und Kreta geschehen war, interessierte noch weniger. Aber die geistige und politische Verunsicherung durch die Hitlerzeit und den Zusammenbruch war so groß, dass ein Autor wie Kästner, der die Rückbesinnung auf den „Geist" und vermeintlich ewig gültige humane Werte anbot, mit Beifall und Zustimmung rechnen konnte. Die Menschen sehnten sich nach Orientierung und glaubten, sie in Kästners zeitloser Idee vom klassisch Griechischen zu finden. Ein so verstandener „Geist" war willkommen, an der Neugestaltung der Gegenwart mitzuwirken.

Aber es meldete sich auch Kritik zu Wort, die Kästners Geist-Begriff kritisch hinterfragte. So heißt es in *Kindlers Literaturgeschichte der Gegenwart* über Kästner bezogen auf das *Zeltbuch von Tumilat*: „Es ging in dieser Literatur, die weiterhin die traditionellen Formen variierte und modifizierte, was sie vielen schon als neu erscheinen ließ, die damit weiterhin auch die alten in ständig wechselnden Kombinationen einbrachte, immer wieder um Haltungen, Ansprüche, Selbstbestätigungen solchen ‚Geistes'. Was immer Geist da bedeutete. Jedenfalls ließ sich vorzüglich auf ihn ausweichen. Die erstaunlichsten blinden Flecken lassen sich aus allen Texten der solchermaßen Elitären in großer Zahl herauspräparieren, nicht zuletzt bei Ernst Jünger, blinde Flecken von der fatalsten, beunruhigendsten Art. Aber nach der Realität des sich hier präsentierenden Geistes zu fragen, das fiel bestenfalls Außenseitern ein."[37]

Blinde Flecken gibt es bei Kästner viele. Da ist vor allem die Frage, was hat der „Dichter im Waffenrock" von dem grausamen deutschen Vorgehen gegen den griechischen Widerstand und die Zivilbevölkerung gewusst? Seine eigenen Angaben sind widersprüchlich. Auf der einen Seite behauptet er, von Ausmaß und Brutalität der Ereignisse auf dem Festland und auf Kreta keine Vorstellung gehabt zu haben. Erst bei neuen Kretareisen - 1956 und 1958 - will er von Inselbewohnern Näheres erfahren haben. Diese Berichte hätten ihn stark beunruhigt.[38] Er selbst hat 1956 angegeben, von den Massenerschießungen in Viannos, Anogia, Alikianos, Furnes und Skinnes gewusst zu haben. Er hatte aber hinzugefügt: „Ich weiß nicht, ob ich jetzt alles aufzähle, wovon ich von damals her direkt weiß."[39] Von der Existenz eines organisierten Widerstandes will er nichts erfahren haben.[40]

In privaten Äußerungen - nicht in seinen Büchern - hat er sogar Einsicht gezeigt. 1956 heißt es in einem Brief: Es ist keine Frage, „dass wir Deutschen damals ein friedliches und kriegsunlustiges Volk überfielen, aus keinem anderen Grund, als weil wir glaubten, für die Weltherrschaft, die wir erringen wollten, diese Position nötig zu haben."[41] In einer persönlichen Aufzeichnung heißt es: „Es ist unmöglich, nicht darunter zu leiden, der Genosse eines gemeinen Überfalls gewesen zu sein und die Mitschuld (...) an den schrecklichen Folgen dieses Überfalls zu tragen: verhungernde Städter, zerstörte Dörfer, erschossene Geiseln, geplünderte Herzen."[42]

Solche Sätze sind Kästner-Lesern, die nur seine Griechenlandbücher kennen, aber unbekannt. Dort hat er konsequent seine Idee von Griechenland als einer geistigen Seelenlandschaft, die der Anfang und Kern aller Humanität sei, durchgehalten. Und in diesen Mythos passten so banale Dinge wie Massenerschießungen von Zivilisten schlicht nicht hinein.

Erhart Kästner war überzeugt davon, dass er schon mit seinen ersten beiden Griechenlandbüchern der Nachwelt ein Zeugnis für die Humanität im grausamsten Krieg hinterlassen habe.[43] „Sein Werk ist gekennzeichnet vom Glauben an die Würde des Menschen, von einem Humanismus, dem Geschichte und Gegenwart untrennbar verbunden sind", heißt es in einer Werbeschrift über ihn.[44] Auch seine Biographin Julia Freifrau Hiller von Gaertringen erhebt ihn nicht nur in den Adelsstand des großen Humanisten, sondern macht ihn im selben Atemzug sogar zum indirekten Widerstandskämpfer gegen das nationalsozialistische Terrorregime. Wie das - fragt man sich - bei einem Mann, der so eng mit eben diesen Nationalsozialisten paktiert hatte, ihrer Partei angehörte, sich Hitlers Generalen zu Propagandazwecken andiente und ganz im Sinne dieser Auftraggeber viele verbale Ungeheuerlichkeiten zu Papier brachte? Und nicht zu vergessen: der auch nach 1945 zu den Grausamkeiten dieses Krieges schwieg, an dem er teilgenommen hatte, weil er es offenbar unter seiner Würde fand, von seiner hohen Warte des Geistes aus in solche Niederungen hinabzusteigen.

Bei diesem Autor empört ja nicht nur, was er - in großer Nähe zu den Nationalsozialisten - geschrieben, sondern auch und gerade, was er nicht geschrieben hat, weil er es offenbar nicht sehen, nicht wahrnehmen wollte. Der Erhart Kästner der frühen Griechenlandbücher - daran besteht kein Zweifel - war ein politischer und literarischer Opportunist und Mit- läufer. Er hat Hitlers Krieg einerseits ästhetisiert und idealisiert und hat andererseits durch die Nichtbeschreibung der Kriegs- realität die Illusion von friedlicher Besatzungsidylle in Griechenland erweckt. Mit anderen Worten: Er hat den Krieg verharmlost und damit zur Verdrängung der Wahrheit beigetra- gen. Er war ein Autor der „machtgestützten Innerlichkeit"[45], wie sein großes Vorbild Gerhart Hauptmann. Denn Kästner konnte seine Griechenlandidylle nur leben, solange Hitlers Soldaten die Front im Südosten des Mittelmeeres aufrechter- hielten.

Seine Verteidiger bleiben aber dabei: Es sei sein Hauptan- liegen gewesen, der allgegenwärtigen Zerstörung, der Herr- schaft von Unrecht und Gewalt eine Welt entgegenzusetzen, in der das Schöne, Edle und Wahre unangefochten Bestand hat.[46] Das von ihm entworfene Griechenland sei eine vollkommen humane Welt und sein Griechenlanderlebnis eine Erziehung zu Humanität. Er habe mit seinen frühen Griechenlandbüchern ein menschliches Gegenbild zu einer Realität geschaffen, die vom nationalsozialistischen Terror beherrscht gewesen sei. Sie seien der Versuch, dieser Zeit, in der alle Werte und Ideale per- vertiert und verhöhnt worden seien, ein vermeintlich „für alle Zeiten gültiges klassisches Humanitätsideal" gegenüberzustel- len.[47]

Daraus wird auch seine oppositionelle Haltung, ja sein Widerstandsgeist abgeleitet: Seine Bücher seien der Versuch, in der Leserschaft zur Aufrechterhaltung der persönlichen Humanität des einzelnen beizutragen und seine Widerstands- haltung gegen den Zerfall aller Werte im nationalsozialistischen Krieg zu bestärken.[48] War also das Vertreten des klassischen Bildungsgutes, das die Nationalsozialisten im übrigen auch für sich okkupiert hatten, schon Opposition oder gar Widerstand? Oder war es nicht vielmehr ein entschuldigendes Alibi bestimmter bürgerlicher Kreise dafür, dass sie nichts getan hatten, die Katastrophe zu verhindern?

Nicht nur das. Kästner wird – was das Verfassen seiner frühen Griechenlandbücher angeht – sogar zum Opfer gemacht. Er hätte „im Rahmen seiner eingeschränkten Möglichkeiten als Autor im Dienst der Wehrmacht" gar nicht anders schreiben können, „sofern er nicht die ideologischen und politischen Inhalte des Nationalsozialismus vermitteln wollte". Da gegen die Propaganda schreiben ausgeschlossen war, sei ihm nur die Alternative geblieben, sich aus dem brisanten Bereich der Kriegswirklichkeit zurückzuziehen. Deshalb habe er Griechenland als Idylle beschrieben, so seine Biographin.[49]

Das klingt nach Befehlsnotstand, den so viele NS-Täter nach dem Krieg für sich in Anspruch genommen haben. Historiker haben inzwischen vielfach bewiesen, dass es in den totalitären Strukturen des NS-Systems und auch in der straffen Hierarchie der Wehrmacht durchaus Freiräume für wirklich humanes Handeln gegeben hat. So ist zum Beispiel viel zu wenig bekannt, dass nicht ein einziger Angehöriger der bewaffneten Verbände mit dem Tod bestraft worden ist, weil er sich geweigert hat, an Erschießungen teilzunehmen.[50]

Bei Kästner bleibt das Faktum bestehen, dass er in der Tat nationalsozialistische Inhalte verbreitet hat. Seine Bücher waren Propagandatexte für Hitlers Krieg und wurden als solche benutzt und verstanden. Musste er aber wirklich einen Pakt mit des „Teufels" Generälen schließen und unbedingt schreiben? Die Alternative wäre gewesen, zu schweigen und *sein* Griechenland nach dem Krieg in Artikeln und Büchern zu schildern. Es wäre die Freiheit zur inneren Desertion gewesen. Eine solche Möglichkeit hat er offenbar nie erwogen.

Kästners Anspruch, ein Vertreter von Humanität und Widerstand zu sein, ist nicht nur wegen seiner zeitweiligen Nähe zu den Nationalsozialisten höchst fraglich. Er kann auch deshalb nicht überzeugen, weil sein Humanismus eine abstrakte Größe war, die vielleicht narzisstische Eitelkeit befriedigte, aber mit den konkreten Menschen nichts zu tun hatte. Kästners Verachtung der modernen Griechen und seine zynische Weigerung, das Leiden dieses Volkes während der deutschen Besatzungszeit zur Kenntnis zu nehmen, waren beispielhaft. Seine Haltung war in Wirklichkeit zutiefst inhuman.

Sein Anspruch ist aber noch aus einem anderen Grund sehr fragwürdig: In seinem Vokabular nach 1945 gibt es - sieht man von privaten Aufzeichnungen ab, die der Öffentlichkeit nicht zugänglich waren - die Wörter Erinnerung, Verantwortung, Trauer und Reue nicht. Margarete und Alexander Mitscherlich haben in ihrem berühmten Buch von der *Unfähigkeit zu Trauern* gezeigt, woran die deutsche Nachkriegsgesellschaft - zum Teil bis heute - krankte. Sie konstatierten, dass die meisten Deutschen sich der Trauer bzw. der Trauerarbeit verweigerten, wobei die Autoren unter Trauer einen seelischen Vorgang verstanden, „in dem ein Individuum einen Verlust mit Hilfe eines wiederholten schmerzlichen Erinnerungsprozesses langsam zu ertragen und durchzuarbeiten lernt, um danach zu einer Wideraufnahme lebendiger Beziehungen zu den Menschen und Dingen seiner Umgebung zu kommen".[51] Trauerarbeit ist also Trennungsarbeit. Es geht um die Trennung von einem geliebten Objekt - das kann ein nahestehender Mensch sein, aber auch eine Wunschvorstellung oder ein Ideal, die sich als nicht realisierbar oder als Irrweg auf der Suche nach einem glücklichen oder besseren Leben erwiesen haben.[52]

Diese Trauerarbeit fällt deswegen so schwer, weil die Angst vor dem Wiederbeleben des Grauenhaften und Entsetzlichen aber auch vor Scham- und Schuldgefühlen so groß ist, dass man lieber in das Verdrängen flüchtet. Die Trauerarbeit ist so wichtig, weil sie „erlösend" wirkt und befähigt, mit der Vergangenheit zu leben. Sie bietet die Chance zu verstehen, welche kollektiven Mechanismen damals und heute in den Untergang führten und heute wieder führen können. Mit anderen Worten:

die Trauerarbeit „versöhnt" den Einzelnen und das Kollektiv nicht nur mir ihrer Vergangenheit, weil sie lernen, die traurige und schmerzvolle Wahrheit anzunehmen und zu akzeptieren, sie bewirkt auch eine schrittweise Annäherung an die Realität, an das wirklich schreckliche Geschehen.[53]

Vor allem aber mindert die Trauerarbeit die Gefahr der Wiederholung: denn nicht betrauerte und damit nicht verstandene Ereignisse kehren immer wieder, weil krampfhaft versucht wird, sie zu vermeiden. Eine Veränderung in Richtung Humanität - so konstatieren die Mitscherlichs - ist nur möglich, wenn die Vergangenheit in der Gegenwart wiederhergestellt wird. Im Fall des Dritten Reiches heißt das: Menschlichkeit lässt sich nur zurückgewinnen, wenn man die damaligen Menschen - Täter wie Opfer - als Mitmenschen sieht, mit Trauer und Schmerz über das, was sie erlitten und über das, was sie taten.[54]

Weil die deutsche Nachkriegsgesellschaft dazu mehrheitlich nicht fähig war, konstatierten Margarete und Alexander Mitscherlich: Zwischen der Abspaltung der Gefühlsbeteiligung von den Erinnerungen der Vergangenheit und einem sozialen und geistigen Immobilismus besteht ein Zusammenhang.[55] Erhart Kästner war ein typischer Vertreter dieser Nachkriegsgesellschaft. In keinem seiner Griechenlandbücher nach dem Krieg, die lediglich umgearbeitete Neuauflagen seiner ersten Hellasbücher waren, hat er sich in dem hier beschriebenen Sinn erinnert, hat er getrauert oder bereut. Auch Mitverantwortung wollte er nicht tragen. Seine Vergangenheit als „Dichter im Waffenrock" verschwimmt in nebelhafter, unwirklicher Ferne. Die Leiden, die die Armee, der er angehörte, den Griechen zugefügt hat, sind ihm nicht eine einzige Zeile wert. Und den beispielhaften Kampf des griechischen Widerstandes hat er nicht verstanden, wollte ihn nicht verstehen, die Partisanen bleiben für ihn „rote" oder „kommunistische Banden", was historisch nicht der Wahrheit entspricht und politischmoralisch ein sehr ungerechtes Fehlurteil ist. Außerdem ist es die Sprache der NS-Militärs; Kästner hat sie in diesem Punkt nie abgelegt. Wenn die Verschwörer des 20. Juli 1944, die Hitler und sein Regime liquidieren wollten, das „bessere Deutschland" vertraten, dann müssen auch die Widerstandskämpfer gegen den braunen Terror in Griechenland und anderswo gewürdigt werden; denn sie haben unter Einsatz ihres Lebens einen entscheidenden Beitrag dazu geleistet, Europa von Hitler zu befreien.

Weil Kästner die Ereignisse des Dritten Reiches nicht trauernd erinnern konnte, wiederholten sich die alten Feindbilder. Er nahm mit größter Betroffenheit die Zerstörungen der westlichen Alliierten in Deutschland wahr, empfand sie als „barbarisch" und verlor kein einziges Wort über die Untaten des eigenen Volkes. Kästners Verdrängung – die Angst, dass Scham und Schuld ihn überwältigen könnten – muss so groß gewesen sein, dass er die Deutschen zu Opfern machte. Er musste die eigene Schuld gegen die der anderen aufrechnen.

Die Realität des Krieges war aber von Anfang an so entsetzlich, dass die Gefahr bestand, ihn nur noch bagatellisieren, heroisieren oder als unausweichliche Notwendigkeit rationalisieren zu können.[56] Genau das hat Erhart Kästner in seinen Büchern getan. Er hat den deutschen Überfall auf Griechenland legitimiert, in dem er ihm „schicksalhaften" Charakter zusprach und den nationalsozialistischen Krieg idealisierte und mythisierte: Das nordische Herrenvolk war wieder gekommen, um das Land rechtmäßig in Besitz zu nehmen, das frühere Einwanderer aus dem Norden schon für sich gewonnen hatten. Nach 1945 entrealisierte Kästner die historischen Ereignisse dann vollends, verharmloste und minimierte sie auf die Größe eines Pfadfinderausfluges, was ihm die Gelegenheit bot, aus der Zeit auszusteigen und eine „Reise in die Geschichtslosigkeit" zu machen – ins Paradies.[57]

Margarete und Alexander Mitscherlich hatten auch konstatiert: „Solange wir jedoch die direkte oder indirekt Beteiligung an den unbeschreiblich grausam ausgeführten Massenverbrechen nicht wirklich zur Kenntnis nehmen wollen, wirkt sich das nicht nur auf unser Geistesleben aus, sondern verhindert auch eine emotionell getragene Aussöhnung mit unseren ehemaligen Gegnern."[58]

Erhart Kästner hat die modernen Griechen während seiner Zeit im Krieg dort als rassisch minderwertig verachtet, aber auch später hat er wenig direkten Kontakt zu ihnen gefunden. In seinen Beschreibungen bleiben sie blass, farblos und im Hintergrund – Griechenland als geistige Seelenlandschaft steht ganz im Vordergrund. Nicht einmal in dem Dorf Stiri, den Nachbarort Distomo vor Augen, in dem die deutschen Soldaten so furchtbar gewütet hatten, kommt ihm ein Wort der Anteilnahme oder des Bedauerns über die Lippen. Warum auch – wenn doch alles Schicksal ist? Distomo und all die anderen Orte des Schreckens wären Anlass gewesen, Trauerarbeit zu leisten – um die ermordeten Menschen, aber auch im Sinne der Trennung von Idealen und Wunschvorstellungen, die sich als illusionär, als nicht realisierbar oder als Irrweg erwiesen hatten. Der Humanitätsgedanke der Klassik gehört dazu. Denn wie konnten Angehörige eines Volkes, aus dem Winckelmann, Goethe, Schiller und Hölderlin hervorgegangen sind, solcher Untaten fähig sein? Auch zu dieser Frage hat Erhart Kästner geschwiegen. Er sah keine deutsche Schuld, es gab sie nicht für ihn.

Einer, der die Hölle und das Inferno von Distomo selbst miterlebt hat, ist der Grieche Argyris Sfountouris. Er wurde 1940 in diesem Dorf geboren und war vier Jahre alt, als die deutschen Soldaten am 10. Juni 1944 erst die Bevölkerung massakrierten und dann die Häuser in Brand steckten. Seine Eltern und weitere dreißig Mitglieder der Großfamilie wurden ermordet. Seine kleine Schwester und er entkamen dem Gemetzel, weil ein Soldat Mitleid hatte, nicht mit seinem Gewehr auf die Kinder schoss oder mit dem Bajonett auf sie einstach wie die anderen, sondern ihnen heimlich zuwinkte und ihnen ein Versteck zeigte.

Argyris Sfountouris, der heute als Professor in der Schweiz lehrt, hat - unter dem Schock des Erlebten - Zeit seines Lebens die Frage bewegt: „Ist die Geschichte bloß eine unbekannte Funktion des Schicksals, oder kann der Mensch, kann die Menschheit Zusammenhänge entdecken, die es ermöglichen, Wiederholungen vorzubeugen?"[59] Die Antwort auf diese entscheidende Frage wäre ein wichtiger Baustein für eine humanere Welt. Erhart Kästner hat sie nie gestellt, noch hat er eine Antwort auf sie gesucht. Ihm ging es einzig um die „Selbstbestätigung des Geistes"[60]; aber er nahm offenbar gar nicht wahr, wie nahe er dabei einer mitleidlosen, zynischen Inhumanität kam.

Der griechische Dichter Jannis Ritsos (1909-1990) hat bei einem Besuch in Distomo die Worte gefunden, die Erhart Kästner so oder in ähnlicher Form gut angestanden hätten:

Epigramm für Distomo

Hier ist die Erde bitter, es ist die bittere Erde von Distomo.
Vorsicht, Besucher, gib Acht, wohin dein Fuß tritt -
Es schmerzt das Schweigen hier,
schmerzt jeder Stein am Weg,
es schmerzt vom Opfer und auch vom harten Menschenherz.
Hier eine schlichte Tafel bloß, eine Stele mit Marmor mit allen Namen, ganz bescheiden - und die Ehre steigt empor, Seufzer um Seufzer, Sprosse um Sprosse einer langen Leiter.[61]

Die Weltanschauung, der Erhart Kästner im Krieg gedient hat, war verbrecherisch. Sich der Tatsache zu stellen, dass er ein Beteiligter war (auch wenn er selbst nicht gemordet hat), hat er nicht fertiggebracht. Er glaubte ohne Vergangenheit leben und dennoch Zukunft gewinnen zu können. Die Schuld zu beschweigen verhindert die Versöhnung. Deshalb muss Unrecht benannt und wieder gutgemacht werden. Das ist Erhart Kästner den Griechen schuldig geblieben.

Epilog

Das antike Griechenland ist die Wiege abendländischen Denkens - diese Feststellung ist unumstritten. Unklar ist aber bis heute, wo der Ursprung dieser einmaligen Hochkultur lag. In Europa und Amerika hing man bisher der These an, dass irgendwann eine Gruppe indogermanisch bzw. indoeuropäisch sprechender Einwanderer (Arier) aus dem Norden nach Griechenland eingedrungen ist und die dort lebenden Ureinwohner unterworfen hat. Diese Invasoren hätten dann die griechische Kultur geschaffen.

Inzwischen hat eine andere wissenschaftliche Schule an Boden gewonnen, die von dem Briten Martin Bernal angeführt wird. Ihre Thesen hat dieser Autor zuerst in seinem Buch *Schwarze Athene. Die afroasiatischen Wurzeln der griechischen Antike* dargelegt. Seine Überlegungen sollen hier kurz wiedergegeben werden. Die griechische Kultur - so schreibt er - hat in erster Linie afroasiatische Wurzeln, soll heißen: Ägypter und Phönizier hatten den größten Einfluss auf ihre Entstehung. Was auch dem Wissensstand des klassischen und hellenistischen griechischen Schrifttums entspricht, das sich immer wieder - etwa bei dem Geschichtsschreiber Herodot (5. Jhd. v. Chr.) - darauf beruft, dass die griechische Sprache und Kultur dem Orient, insbesondere Ägypten und Phönizien, entstammen. Da ist auch immer wieder davon die Rede, dass die Vorfahren der

„klassischen" Griechen viel von ägyptischen und phönizischen Kolonisten in Griechenland gelernt hätten. Außerdem seien später viele Griechen als „Schüler" in das Land am Nil gegangen, um dort ägyptisches Wissen und ägyptische Weisheit zu studieren, die sie dann mit in ihre Heimat zurückgebracht hätten. Dass indoeuropäische Einwanderer nach Griechenland eingedrungen sind und ebenfalls auf die kulturelle Entwicklung eingewirkt haben, kann Bernal nicht ausschließen, denn die griechische Sprache gehört der indoeuropäischen Sprachfamilie an. Allerdings ist dieser Einfluss historisch viel schwieriger nachzuweisen als der aus dem Orient.

Bernal geht dann dem Einfluss nach, den die Kulturen der Ägypter, Phönizier und Griechen auf das Denken in Europa genommen haben. Er konstatiert: Bis zum 18. Jahrhundert ist Ägypten als der „reichlich fließende Born alles heidnischen Wissens und Denkens" (einschließlich des Wissens und Denkens der Griechen) angesehen worden. Der Versuch, diesen verloren gegangenen Wissensschatz wiederzugewinnen, war ein wichtiges Motiv bei Entstehung und Fortentwicklung der modernen Wissenschaft. Ägypten hat also bei der Entstehung der Aufklärung in Europa eine wichtige Rolle gespielt. Am Beginn des 18. Jahrhunderts wurde diese altägyptische Philosophie als massive Bedrohung des Christentums empfunden, und es war dieser aufklärerische „Vernunft-Begriff der Ägypten-Verehrer des 18. Jahrhunderts, der als Reaktion die Idealvorstellung von der Empfindsamkeit und der künstlerischen Perfektion der Griechen provozierte".

Im Anschluss daran haben – so Bernal – der Eurozentrismus und der Rassismus, die mit dem Kolonialismus eng verbunden waren, zu der irrigen Annahme geführt, dass allein die Bewohner gemäßigter Klimazonen zum Denken und damit zu Kulturschöpfung fähig seien. Damit hatten die Ägypter, die ja in Afrika lebten, ihre einst geachtete Stellung als Vorreiter griechischen Denkens und griechischer Kultur eingebüßt. Die

Griechen galten nun als Begründer des philosophischen Denkens schlechthin. Der im Laufe des 19. Jahrhunderts stärker werdende Rassismus - mit seinem Ableger Antisemitismus - hat dann die Vorstellung, die griechische Kultur sei eine Mischkultur, die bei Afrikanern und den semitischen Phöniziern Anleihen gemacht habe, als „Frevel an den heiligsten Gütern der Wissenschaft" erscheinen lassen. Denn das hätte ja bedeutet, dass die Griechen von Rassen, die neuzeitlichen Rassentheoretikern als „minderwertig" galten, kolonisiert worden sind. Das durfte nicht sein - das Ansehen der Ägypter und Phönizier sank deshalb bei diesen Wissenschaftlern auf Null. Entsprechend stieg das Ansehen der Griechen.

Dazu hatten nicht zuletzt der Freiheitskrieg der Griechen gegen die Osmanen am Beginn des 19. Jahrhunderts und die ihn unterstützende philhellenische Bewegung beigetragen. Sie beide gaben - so Bernal - dem ohnehin schon sehr einprägsamen Bild vom antiken Griechentum als Gipfel dessen, was europäischer Geist hervorgebracht hatte, erst den letzten Schliff. Nunmehr galten die Griechen des Altertums als schlechthin vollkommen. Das Griechentum verkörperte - etwa in der deutschen Klassik - den Gipfel aller menschlichen Weisheit und aller künstlerischen Sensibilität. Die Auseinandersetzung mit den antiken Hellenen wurde sogar als Methode betrachtet, Völker wieder zu sich finden zu lassen, die durch das moderne Leben sich selbst entfremdet worden waren. Die Nordeuropäer des 19. Jahrhunderts legten in die Griechen alles hinein, wonach sie sich sehnten. Griechentum war ein Projektionsfläche für Wunschdenken und Utopien. Man wollte so sein, wie man sich die idealen Griechen vorstellte oder zumindest so gesehen werden.

In Deutschland führte eine spezielle politische Situation zu solchen philhellenischen Spekulationen. Die äußerst repressiven Verhältnisse - Absolutismus, Kleinstaaterei, strenge Zensur - machten so gut wie jeden politischen Disput unmöglich.

Dichter und Intellektuelle der Klassik und Romantik flüchteten deshalb in utopische Scheinwelten: etwa die Wiederauferstehung Griechenlands in Deutschland selbst als künftiges „Reich der Liebe" bei Hölderlin oder als „Reich des wahren Menschen" bei Schiller. Aus dieser Vorstellungswelt, die Bernal als „extrem konservativ und restaurativ" bezeichnet, ging dann auch die „klassische Altertumswissenschaft" mit ihrer Idealisierung Griechenlands hervor.

So weit der Gedankengang des britischen Forschers. Nimmt man seine Argumentation ernst - und dafür bestehen gute Gründe -, dann ergibt sich gerade für die Deutschen eine fatale Schlussfolgerung: Das ideale Griechenland, von dem sie seit dem 18. Jahrhundert träumten, das Winckelmann, Goethe, Schiller und Hölderlin beschrieben, das ganze Generationen von Altertumswissenschaftlern untersucht, das auch die Nationalsozialisten in hybrider ideologischer Vermessenheit für sich in Anspruch genommen haben und mit dem als Idee im Kopf auch Erhart Kästner mitten im Weltkrieg als „Dichter im Waffenrock" durch Hellas wanderte, hat es nie gegeben - es war nichts weiter als eine „Erfindung" des deutschen Geistes. Die ganze deutsche Hellas-Sehnsucht war so gesehen eine Fata Morgana, eine Reaktion des deutschen Denkens und Empfindens auf Missstände im eigenen Land und eine Abwehr rationaler Aufklärungskultur, wobei Rassismus und Antisemitismus immer direkt oder indirekt beteiligt waren.

Thomas Mann hatte die deutsche Misere ursächlich auf die Trennung von Macht und Geist, Politik und Bildung seit der Reformation zurückgeführt. In diesen Zusammenhang gehört auch der ganz offensichtlich unpolitische deutsche „Griechenland-Glaube". Die Flucht ins Reich der Träume scheint lange Zeit ein markanter Wesenszug dieses Volkes gewesen zu sein. Heinrich Heine hatte ihn in „Deutschland - ein Wintermärchen" so beschrieben: „Franzosen und Russen gehört das Land,/ das Meer gehört den Briten,/ Wir aber besitzen im Luftreich des Traums/ die Herrschaft unbestritten." Erst das Ende des völkischen Sonderweges der Deutschen 1945 und ihr Ankommen in der westlichen Staatengemeinschaft und Kultur haben den fatalen deutschen Träumen ein Ende gesetzt.

Anmerkungen

Erstes Kapitel

[1] Zit.n. Rehm 1968, S.2.

[2] Ebd., S. 6.

[3] Sattler 2004, Einleitung.

[4] Rehm 1968, S. 23ff.

[5] Ebd., S. 41, 55.

[6] Ebd., S. 118, 121, 129, 161.

[7] Ebd., S. 151, 168, 170ff, 176, 181f, 185, 189f.

[8] Ebd., S. 198f, 202, 206, 208f.

[9] Ebd., S. 214, 217.

[10] Ebd., S. 370.

[11] Ebd., S. 329.

[12] Ebd., S. 329.

[13] Ebd., S. 324, 334, 335, 336, 343, 347, 348, 366, 368ff, 374.

[14] Ebd., S. 348.

[15] Zentrale Stelle (ZSt) der Landesjustizverwaltungen Ludwigsburg, p. 42. Zit. n. Meyer 1999, S. 64.

[16] Meyer 1999, S. 65ff.

[17] ZSt, 508 AR 1462/68, p. 164. Ebd., S. 70f.

[18] Ebd., S. 76.

[19] Ebd., S. 79f.

[20] Bundesarchiv-Militärchiv, Freiburg: RH 28 – 1/102, p.66. Ebd., S. 81.

[21] Ebd., S. 31ff.

[22] Kirbach1990, S.82.

[23] Ebd.

[24] Blutbad im Bergstädtchen. In: Der Spiegel, Nr. 1, S. 43, 1998.

[25] Ebd.
[26] Xylander 1995, S. 109ff.
[27] Kadelbach 2002, S. 99.
[28] Xylander 1995, S. 177.
[29] Kadelbach 2002, S. 98ff.
[30] Xylander 1995, S. 189.
[31] Rondholz 1995, S. 83.
[32] Ebd., S. 86 f.
[33] Ebd.
[34] Ebd.
[35] Kazantzakis 1991, S. 411.
[36] Detorakis 1997, S. 456.
[37] Richter 2001, S. 12ff.
[38] Ebd., S. 16.
[39] Fleischer 1988, S. 29.
[40] Ebd., S. 30.
[41] Xylander 1995, S. 94ff.
[42] Ebd., S. 101.
[43] Richter 2001, S. 19ff.
[44] Ebd., S. 20.
[45] Ebd., S. 21.
[46] Aly 2005, S. 278.
[47] Richter 2001, S. 22.
[48] Ebd., S. 23.
[49] Xylander 1995, S. 94.
[50] Ebd., S. 117f.
[51] Richter 2001, S. 25.
[52] Aly 2005, S. 276.
[53] Ebd., S. 290ff, 292.
[54] Rondholz 1995, S. 86f.
[55] Richter 2001, S. 27.
[56] Ebd., S. 29.
[57] Ebd., S. 30.
[58] Hitler 1933, S. 372.
[59] Günther 1929, S. 9ff.
[60] Krieck, Ernst: Unser Verhältnis zu Griechen und Römern. In: Volk im Werden 1(1933), S. 77ff. Zit. n. von Gaertringen 1994, S. 158ff.
[61] von Gaertringen 1994, S. 159.
[62] Fleischer 1988, S. 35.
[63] Hitler: Rede im Reichstag am 4.5.1941, s. Anmerkung 38.

[64] Tzermias 2003, S. 24; von Gaertringen 1994, S. 160; Günther 1929, S. 59 ff.

[65] Günther 1929, S. 59 ff.

[66] Rede Hitler vom 4.5.1941; s. Kerker 1988, Anmerkung 38.

[67] Friedrich, Raimund: Erlebtes Griechenland. Aus dem Tagebuch eines Soldaten, in: Deutsche Nachrichten in Griechenland, Nr. 151, 1.7.1942, zit. n. von Gaertringen 1994, S. 163.

[68] Gericke, Walter: Von Maleme bis Chania. Kampf und Sieg eines Sturmregiments. Berlin 1943. Zit. n. von Gaertringen 1994, S. 164.

[69] Fleischer 1988, S. 34.

[70] von Gaertringen 1994, S. 166.

[71] Müller,G./Scheurin,F.: Sprung über Kreta. 1944. Zit. n. Kerker 1988, S.34f.

[72] Fleischer 1988, S. 40ff.

Zweites Kapitel

[1] von Gaertringen 1994, S.64ff.

[2] Ebd., S. 102f.

[3] Ebd., S. 103.

[4] Ebd., S. 107.

[5] Kästner 1974, S. 24.

[6] Ebd., S.29.

[7] Fleischer 1988, S. 35.

[8] Kästner 1943, S. 5.

[9] von Gaertringen 1994, S. 105.

[10] Kästner 1943, S. 9ff.

[11] Ebd., S. 8.

[12] von Gaertringen 1994, S. 196.

[13] Kästner 1974, S. 16f.

[14] Ebd., S. 158.

[15] Picker 1989, S. 101, 106, 145.

[16] Fleischer 1988, S. 26.

[17] Kästner 1943, S. 253; Goethe: Faust II, 3. Akt.

[18] Ebd., S. 45.

[19] Ebd., S. 242.

[20] Ebd., S. 197.

[21] Ebd., S. 218.

[22] Ebd., S. 99; Aischylos 1990, S.32.

[23] Kästner 1943, S. 20f, 65, 72, 79, 157f, 180, 197, 268.

[24] Ebd., S. 125.
[25] Ebd., S 128.
[26] Ebd., S. 268f.
[27] Ebd., S. 268f.
[28] Ebd., S.44.
[29] Ebd., S. 73f.
[30] Ebd., S. 237.
[31] Ebd., S. 250.
[32] Ebd., S. 238.
[33] Ebd., S. 45.
[34] Ebd., S. 83f.
[35] Kästner 1974, S. 115.
[36] Kästner 1943, S. 140.
[37] Ebd., S. 190.
[38] Kästner 1975, S. 180.
[39] Kästner 1943, S. 36, 84.
[40] Kästner 1975, S. 77.
[41] Kästner zit. n. Kerker 1988, S. 37.
[42] Fleischer 1988, S. 37.
[43] Brief vom 7. 8. 1943. Zit. n. von Gaertringen 1994, S. 112.
[44] Ebd., S. 113.
[45] Rondholz 1995, S. 88.
[46] Zit. n. Kadelbach 2002, S. 119.
[47] Kästner, Anita u. Reingart 1980, S. 119.
[48] Rondholz 1995, S. 84; Xylander 1995, S. 189ff; Kästner 1946, S. 202.
[49] Kästner 1946, S. 170.
[50] Ebd., S. 27.
[51] Ebd., S. 209.
[52] Ebd., S. 27.
[53] von Gaertringen 1994, S. 113, 205.
[54] Kästner: Brief an Gerhart Hauptmann vom 31.12.1943. Zit. n. von Gaertringen 1994, S. 117.
[55] Ebd., S. 116.
[56] Kästner 1946, S. 186, 208f.
[57] Ebd., S. 104.
[58] Ebd., S. 34.
[59] Ebd., S. 106, 143, 165, 173.
[60] Brief vom 16.4.1946. Zit. n. von Gaertringen1994, S. 120.
[61] Ebd., S. 120.
[62] Ebd., S. 205.

[63] Kästner 1975, S. 258.

[64] Kästner 1973, S. 14, 19.

[65] Gremmels, Heinrich: Nachwort in Kästner 1975, S. 266.

[66] Eine reiche Auswahl der Volksdichtung über den Zweiten Weltkrieg ist in: Raeck 1995, S. 193ff.

[67] Kästner: Mitteilung an verschiedene Personen. Zit. n. von Gaertringen 1994, S. 121.

[68] Ebd., S. 121.

[69] Ebd., S. 122.

[70] Kästner 1984, S. 28.

[71] Notiz von Kästner. Zit. n. von Gaertringen 1994, S. 206.

[72] Ebd.,S. 207.

[73] Ebd.

[74] Zit. n. Rondholz 1988

[75] Aly 2005, S. 303.

[76] Ebd., S. 304.

[77] Ebd., S. 307.

[78] Ebd., S. 313.

[79] Kästner 1974, S. 15, 30; von Gaertringen 1974, S. 246.

[80] von Gaertringen 1974, S. 250.

[81] Kästner 1974, S. 14.

[82] Zit. n. von Gaertringen 1974, S. 210.

[83] Ebd.

[84] Kästner 1975, S. 79.

[85] Zit. n. von Gaertringen 1974, S. 209.

[86] Kästner 1943, S. 34f.

[87] Ebd., S. 115, 159, 223.

[88] Ebd., S. 13, 159.

[89] Ebd., S. 152.

[90] Kästner 1975, S. 89f.

[91] Kästner 1943, S. 87.

[92] Kästner 1946, S. 238 .

[93] Kästner 1943, S. 36, 84.

[94] Kästner 1946, S. 20 f.

[95] Kästner 1943, S. 42 f, 45f.

[96] Ebd., S. 83; Kästner: Notiz. Zit. n. von Gaertringen 1994, S. 206.

[97] Kästner 1943, S. 34f.

[98] Ebd.

[99] Ebd., S. 48.

[100] Kästner 1974, S. 76.

[101] Ebd., S. 74.

[102] Kästner: Notiz. Zit. n. von Gaertringen 1994, S. 286f; etwas anders in: Kästner 1974, S. 69f.

[103] Kästner 1943, S. 114.

[104] von Gaertringen 1994, S. 287.

[105] Kästner 1974, S. 76f.

[106] Schmiele 1961, S. 122.

[107] Zit. n. Sontheimer 2002, S. 95.

[108] Mann 1968, S. 161ff.

[109] Kästner 1974, S. 14.

[110] Kästner 1975, S. 145.

[111] Kästner 1943, S. 154f.

[112] Ebd., S.181.

[113] Giordano 1999, S. 207.

[114] „Völkischer Beobachter" vom 23. 2. 1943 und 14. 5. 1943. Zit. n. von Gaertringen 1994, S. 256.

Drittes Kapitel

[1] Zit. n. von Gaertringen 1994, S. 41ff.

[2] Ebd., S. 24.

[3] Ebd., S. 42, 44.

[4] Ebd., S. 45.

[5] Ebd., S. 44.

[6] Ebd., S. 63.

[7] Ebd., S. 64.

[8] Ebd., S. 36.

[9] Ebd., S. 37.

[10] Ebd., S. 66.

[11] Ebd., S. 258

[12] Ebd., S. 49, 258; Kästner: Nachruf. In: von Gaertringen 2004, S. 324.

[13] Zit. n. Raddatz 1997, S. 53.

[14] Ebd.

[15] Ebd.

[16] Sarkowicz 2004, S. 185.

[17] Hauptmann, Gerhart: Verwirklichung einer Notwendigkeit. In: Berliner Tageblatt vom 2. 4. 1938. Zit. n. Sarkowicz 2004, S. 187.

[18] Sarkowicz 2004, S. 188.

[19] Goebbels, Josef: Tagebücher, Bd. 5, München 1995, S. 658. Zit. n. Sarkowicz 2004, S. 188.

[20] Sarkowicz 2004, S. 188.
[21] Raddatz 1997.
[22] Ebd.
[23] Zit. n. von Gaertringen 2004, S. 203.
[24] Brief von Gerhart Hauptmann an Kästner vom 9. 4. 1938. Ebd., S. 215.
[25] Brief von Kästner an Gerhart Hauptmann vom 5. 4. 1938. Ebd., S. 214, 218.
[26] Brief von Kästner an die Redaktion von Meyers Lexikon vom 11. 4. 1938. Ebd., S. 217f.
[27] Brief der Redaktion von Meyers Lexikon an Kästner vom 4. 5. 1938. Ebd., S. 223.
[28] von Gaertringen 1994, S. 52ff.
[29] Zit. n. dies. 2004, S. 247, 261, 291, 296, 297; dies. 1994, S. 124.
[30] Dies. 2004, S. 258; Brief Kästner an Gerhart Hauptmann vom 12. 7. 1944. Zit. n. dies. 1994, S. 124.
[31] Zit. n. dies. 2004, S. 284.
[32] Ebd., S. 291.
[33] Hauptmann 1908, S. 85.
[34] Ebd., S. 66.
[35] Ebd., S. 75ff.
[36] Ebd., S. 95.
[37] Ebd., S. 43, 35.
[38] Ebd., S. 32.
[39] Ebd., S. 26, 42, 27.
[40] Ebd., S. 24f.
[41] Ebd., S. 61.
[42] Ebd., S. 50.
[43] Ebd., S. 67.
[44] Ebd., S. 115
[45] Ebd., S. 152.
[46] Ebd., S. 34.
[47] Ebd., S. 44.
[48] Ebd., S. 47.
[49] Ebd., S. 110.
[50] Ebd., S. 178.
[51] Ebd., S. 73.
[52] Ebd., S. 108.
[53] Ebd., S. 52.
[54] Ebd., S. 49.
[55] Ebd., S. 135.

[56] Ebd., S. 134.
[57] Ebd.
[58] Ebd., S. 178, 182.
[59] Ebd., S. 78.
[60] Ebd., S. 33.

Viertes Kapitel

[1] Kästner 1956, S. 26.
[2] Ebd., S. 135.
[3] Ebd., S. 85f.
[4] Ebd., S. 86.
[5] Ebd., S. 95.
[6] Ebd., S. 98.
[7] Ebd., S. 60.
[8] Ebd., S. 71.
[9] Ebd., S. 165.
[10] Ebd., S. 27.
[11] Ebd., S. 85.
[12] Ebd., S. 84.
[13] Ebd., S. 27.
[14] Ebd., S. 136.
[15] Ebd., S. 187.
[16] Kästner 1974, S. 42.
[17] von Gaertringen 2004, S. 311.
[18] Kästner 1973, S. 112.
[19] Balthasar, Jürgen: Das erste KZ der Nazis in Dachau wurde zur „Mörderschule der SS". Deutsche Presseagentur (dpa) vom 3. 4. 2005.
[20] Geschichte des Lagers Dachau. S. www. kz-gedenkstätte-dachau.de.
[21] Kästner 1973, S. 112.
[22] Emmerich 1999, S. 10.
[23] Ebd., S. 8.
[24] Ebd., S. 48.
[25] Ebd., S. 50.
[26] Ebd., S. 18.
[27] Ebd.
[28] Kästner: Über Paul Celan. Rede zum Bremer Literaturpreis 1958. In: Kästner 1973, S. 57.
[29] Ebd.
[30] Celan: Bremer Rede. Zit. n. Emmerich 1999, S. 48.

[31] Zit. n. von Gaertringen 2004, S. 152.

[32] Kästner 1974, S. 244.

[33] Ebd., S. 247.

[34] Kästner 1956, S. 85.

[35] Rondholz 1988.

[36] von Gaertringen 1994, S. 283.

[37] Lattmann 1973, S. 190.

[38] von Gaertringen 1994, S. 410.

[39] Ebd., S. 411.

[40] Ebd.

[41] Brief von Kästner an Udo Balser vom 29. 8. 1956. Ebd., S. 341.

[42] Kästner: Notiz. Ebd., S. 341.

[43] Ebd., S. 261.

[44] www.buchspektrum.de.

[45] Raddatz 1997.

[46] von Gaertringen 1994, S. 249ff.

[47] Ebd., S. 250.

[48] Ebd.

[49] Ebd., S. 250.

[50] Wette 2004, S. 23.

[51] Zit. n. Lohmann 1984, S. 15.

[52] Bauriedl 1988, S. 179.

[53] Ebd., S. 200.

[54] Ebd., S. 206.

[55] Zit. n. Lohmann 1984, S. 16.

[56] Bauriedl 1988, S. 200.

[57] Kästner 1974, S. 12, 14, 52, 76.

[58] Zit. n. Lohmann 1984, S. 21.

[59] Sfountouris/Argyris: Das Testament der Toten von Distomo und die Saat des Friedens. In: Klein/ Mentner/ Stracke 2004, S. 84.

[60] Lattmann 1973, Anmerkung Kap. 3.

[61] Zit. n. Klein/ Mentner/ Stracke 2004, S. 81.

Literatur

Aischylos: Die Perser. In: ders.: Tragödien. München 1990.

Aly, Götz: Hitlers Volksstaat. Raub, Rassenkrieg und nationaler Sozialismus. Frankfurt am Main 2005.

Bauriedl, Thea: Das Leben riskieren. Psychoanalytische Perspektiven des politischen Widerstandes. München-Zürich 1988.

Bernal, Martin: Schwarze Athene. Die afroasiatischen Wurzeln der griechischen Antike. Wie das klassische Griechenland „erfunden" wurde. München 1987.

Detorakis, Theocharis E.: Geschichte von Kreta. Heraklion 1997.

Emmerich, Wolfgang: Paul Celan. Hamburg 1999.

Figal, Günter: Erhart Kästner zum 100. Geburtstag. Die Wahrheit von Orten und Dingen. Freiburg 2004.

Fleischer, Hagen: Siegfried in Hellas. Das nationalsozialistische Griechenlandbild und die Behandlung der griechischen Zivilbevölkerung seitens der deutschen Besatzungsbehörden 1941-1944. In: Kerker, Armin (Hg.): Griechenland – Entfernung in die Wirklichkeit, Hamburg 1988.

von Gaertringen, Julia Freifrau Hiller (Hg.): Perseus-Auge Hellblau. Erhart Kästner und Gerhart Hauptmann. Briefe, Texte, Notizen. Bielefeld 2004.

Dieselbe: „Meine Liebe zu Griechenland stammt aus dem Krieg". Studien zum literarischen Werk Erhart Kästners. Göttingen 1994.

Giordano, Ralph: Des Teufels Armee. In: Der Spiegel, Nr. 36, 1999.

Günther, Hans Friedrich Karl: Rassengeschichte des hellenischen und des römischen Volkes. München 1929.

Hauptmann, Gerhart: Griechischer Frühling. Leipzig 1908.

Hitler, Adolf: Mein Kampf. München 1933.

Kadelbach, Ulrich: Schatten ohne Mann. Die deutsche Besetzung Kretas 1941-1945. Mähringen 2002.

Kästner, Anita; Kästner, Reingart: Erhart Kästner, Leben und Werk in Daten und Bildern. Frankfurt am Main 1980.

Kästner, Erhart – Werkmanuskripte. Eine Ausstellung im Malerkabinett der Herzog August Bibliothek Wolfenbüttel zur Übernahme des Erhart Kästner-Nachlasses vom 24. November 1984 bis 28 Februar 1985. Wolfenbüttel 1984.

Derselbe: Kreta. Frankfurt am Main 1975. (unterscheidet sich nur im Nachwort von der Ausgabe 1946)

Derselbe: Ölberge. Weinberge. Frankfurt am Main 1974.

Derselbe: Aufstand der Dinge. Frankfurt am Main 1973.

Derselbe: Offener Brief an die Königin von Griechenland. Beschreibungen und Bewunderungen. Frankfurt am Main 1973.

Derselbe: Das Zeltbuch von Tumilat. Frankfurt am Main 1956.

Derselbe: Kreta. Berlin 1946.

Derselbe: Griechenland. Ein Buch aus dem Kriege. Berlin 1943.

Kazantzakis, Nikos: Einsame Freiheit. Biographie aus Briefen und Aufzeichnungen des Dichters von Eleni Kazantzakis. Berlin 1991.

Kerker, Armin (Hg.): Griechenland – Entfernungen in die Wirklichkeit. Ein Lesebuch. Hamburg 1988.

Kirbach, Roland: Kalavrita – Stadt der Witwen. In: DIE ZEIT, Nr. 50, 7.12. 1990, S. 82.

Klein, Ralph/Mentner, Regina/Stracke, Stephan (Hg.): Mörder unterm Edelweiß. Dokumentation des Hearings zu den Kriegsverbrechen der Gebirgsjäger. Köln 2004.

Lattmann, Dieter (Hg.): Kindlers Literaturgeschichte der Gegenwart. München/Zürich 1973.

Lohmann, Hans Martin (Hg.): Psychoanalyse und National-sozialismus. Beiträge zur Bearbeitung eines unbewältigten Traumas. Frankfurt am Main 1984. Darin: Mitscherlich-Nielsen, Margarete: Die Notwendigkeit zu trauen.

Mann, Thomas: Politische Schriften und Reden, Bd. III. Frankfurt am Main 1968. Darin: Deutschland und die Deutschen.

Meyer, H. F.: Kommeno. Erzählende Rekonstruktion eines Wehrmachtsverbrechens in Griechenland. Köln 1999.

Picker, Henry: Hitlers Tischgespräche. Frankfurt am Main/Berlin 1989.

Raddatz, Fritz: „Sein, sein, deutsch sein!" – Gerhart Haupt-manns Tagebücher aus dem Ersten Weltkrieg antizipieren den „Dichter des Dritten Reiches". In: DIE ZEIT, Nr. 14, S. 53, 1997.

Raeck, Karina: Andartis. Monument für den Frieden. Berlin 1995.

Rehm, Walter: Griechentum und Goethezeit, Geschichte eines Glaubens. Bern/München 1968.

Richter, Heinz A./Giebeler, Karl/Stupperich, Reinhard (Hg.): Versöhnung ohne Wahrheit? Deutsche Kriegsverbrechen in Griechenland im Zweiten Weltkrieg. Beiträge einer Tagung am 27./28. Oktober 2000 in der Evangelischen Akademie Bad Boll. Mannheim/Möhnesee 2001.

Rondholz, Eberhard: Die Schlacht auf Kreta und der Wider-standskampf unter der deutschem Besatzung von 1941 bis 1945. In: Raeck 1995.

Derselbe: Ein Hellas für blonde Achaier. In: die tageszeitung (taz) vom 22. 10. 1988.

Sarkowicz, Hans (Hg.): Hitlers Künstler. Die Kultur im Dienst des Nationalsozialismus. Frankfurt am Main 2004.

Sattler, D. E. (Hg.): Hölderlin Werke. Frankfurter Ausgabe. Frankfurt am Main 2004.

Schmiele, Walter: Henry Miller. Reinbek 1961.

Sontheimer, Kurt: Thomas Mann und die Deutschen. München 2002.

Tzermias, Pavlos: Kreta von Knossos bis Kazantzakis. Mähringen 2003.

Wette, Wolfram (Hg.): Zivilcourage. Empörte, Helfer und Retter aus Wehrmacht, Polizei und SS. Frankfurt am Main 2004.

Xylander, Marlen von: Die deutsche Besatzungsherrschaft und der Widerstand auf Kreta 1941 - 45. In: Raeck 1995.

Reihe Sedones

Ein Schwerpunkt des Verlages Dr. Thomas Balistier ist die 1998 eröffnete *Reihe Sedones*. Hier werden spannende und unterhaltsame Themen für den an der Kultur und Geschichte Kretas interessierten Urlauber informativ und kurzweilig behandelt.

Sedones 5
Ulrich Kadelbach:
Schatten ohne Mann.
Die deutsche Besetzung
Kretas 1941-1945
124 Seiten
ISBN 978-3-9806168-5-0

„Eine bedenkenswerte Lektüre, für ‚nordische‘ Fit-for-fun-Kreta-Touristen vielleicht sogar eine Pflichtlektüre." (Athener Zeitung)
„Kadelbach hat ein Buch gegen die Schlußstrichmentalität geschrieben." (Heidenheimer Zeitung)

Sedones 9
Hans Prescher:
General Kreipe wird entführt
Ein Husarenstück auf Kreta 1944
86 Seiten
ISBN 978-3-937108-11-7

Als die „wagemutigste und erstaunlichste Aktion" des Zweiten Weltkriegs wurde die Entführung des deutschen Generalmajors Heinrich Kreipe im April 1944 auf der Insel Kreta bezeichnet. Zwei britische Offiziere einer Spezialeinheit und kretische Partisanen lauerten dem General auf, nahmen ihn gefangen und marschierten mit ihm 18 Tage und Nächte durch die Insel unter der ständigen Gefahr, von den deutschen Besatzungstruppen entdeckt zu werden. Vorgeschichte, Ablauf und die Folgen des in Deutschland wenig bekannten Kommandounternehmens Kreipe schildert dieses Buch.

Sedones 15
Georg Vardakis:
Als der Krieg nach Kreta kam
Erinnerungen an meine Kindheit
100 Seiten
Fotos
ISBN 978-3-937108-23-0

„Als am 20. Mai 1941 der Angriff auf Kreta begann, war ich sechs Jahre alt." Georg Vardakis erzählt, wie aus einer behüteten Kindheit in einer Familie, die seit Generationen in Chania lebte, relativ wohlhabend und an westeuropäischer Bildung und Kultur orientiert war, durch den Krieg eine Kindheit in materieller Not und in ständiger Bedrohung durch die deutsche Besatzungsmacht wurde.
Georg Vardakis hat nach dem Krieg in Deutschland studiert, dort auch als Arzt praktiziert und eine Familie gegründet. Für die längste Zeit seines Lebens war für ihn die Stadt Celle seine Heimat.

Sedones 6
Pavlos Tzermias:
Kreta von Knossos bis Kazantzakis
Wanderung durch eine faszinierende Kultur
149 Seiten
ISBN 3-9806168-6-x

„Mit sympathischer Bescheidenheit wehrt sich der ‚eingezürcherte' Kreter Pavlos Tzermias im Vorwort dagegen, sein neuestes Buch als ‚Kulturgeschichte Kretas' zu werten. Es handle sich ‚nur um ein paar Beispiele' für den kulturellen Beitrag der Insel. Tatsächlich stellt ‚Kreta von Knossos bis Kazantzakis. Wanderung durch eine faszinierende Kultur' trotz seines relativ schmalen Umfangs etwas vom Spannendsten dar, das je über Kreta und seine geistige Ausstrahlung geschrieben worden ist."
(Glaube in der 2. Welt, Forum für Religion und Gesellschaft in Ost und West, März 2003)

Sedones 11
Pavlos Tzermias:
Nikos Kazantzakis' Odyssee
Unbekannte Aspekte des geistigen
Weges eines berühmten Kreters
158 Seiten
ISBN 978-3-937108-14-8

Nikos Kazantzakis ist berühmt und weitgehend unbekannt zugleich. Über ihn wird viel gesprochen und geschrieben. Doch sehr oft wird seine Leistung eindimensional und somit verzerrt dargestellt. Das vorliegende Buch beleuchtet bisher nicht behandelte Aspekte des Werdegangs des Autors der neuen Odyssee, jenes Epos, das der ambitiöse Kreter für sein Lebenswerk hielt. Und das heißt: Es beleuchtet auch bisher unerforschte Seiten seines geistigen Weges, der eine faszinierende Odyssee darstellt.

Sedones 13
Pavlos Tzermias:
Eleftherios Venizelos' historische Leistung
Der Weg eines „Weißberglers" zum Weltruhm
176 Seiten
ISBN 978-3-937108-20-9

Eleftherios Venizelos zählt zu den bedeutendsten Staatsmännern Griechenlands. Der Kreter, der unter dem publizistischen Pseudonym Lefkoritis (Weißbergler) seine politische Laufbahn begann, erlangte Weltruhm. Kein Geringerer als Winston Churchill bezeichnete ihn als große Gestalt in einer griechischen Tragödie.
„Pavlos Tzermias schenkt uns eine politische Biographie, die alle Phasen des Lebens und der Tätigkeit des griechischen Staatsmanns behandelt. Der Autor stützt sich auf sein fundiertes Wissen und verwendet reiches Material aus dem Archiv seines Vaters, der zu den Mitkämpfern Venizelos' zählte. Besondere Aufmerksamkeit widmet Pavlos Tzermias dem „Aufstieg" Venizelos von Kreta nach Athen."
(Athener Literaturzeitschrift „Synchroni Skepsi")

- Sedones 1 – Thomas Balistier: Der Diskos von Phaistos. Zur Geschichte eines Rätsels & den Versuchen seiner Auflösung. 120 Seiten, ISBN 978-3-9806168-1-2
- Sedones 2 – Thomas Balistier: Kretischer Raki – Raki-Kultur. Kreta und sein Nationalgetränk. Eine Einführung. 75 Seiten, ISBN 978-3-9806168-2-9
- Sedones 5 – Ulrich Kadelbach: Schatten ohne Mann. Die deutsche Besetzung Kretas 1941-1945. 124 Seiten, ISBN 978-3-9806168-5-0
- Sedones 7 – Arn Strohmeyer: Dichter im Waffenrock. Erhart Kästner in Griechenland und auf Kreta 1941 bis 1945. 134 Seiten, ISBN 978-3-937108-07-0
- Sedones 9 – Hans Prescher: General Kreipe wird entführt. Ein Husarenstück auf Kreta 1944. 86 Seiten, ISBN 978-3-937108-11-7
- Sedones 11 – Pavlos Tzermias: Nikos Kazantzakis' Odyssee. Unbekannte Aspekte des geistigen Weges eines berühmten Kreters. 158 Seiten, ISBN 978-3-937108-14-8
- Sedones 12 – Arn Strohmeyer: Faszination Kreta. Impressionen von einer alten und doch jungen Insel. 145 Seiten, ISBN 978-3-937108-19-3
- Sedones 13 – Pavlos Tzermias: Eleftherios Venizelos' historische Leistung. Der Weg eines „Weißberglers" zum Weltruhm. 176 Seiten, ISBN 978-3-937108-20-9
- Sedones 14 – Zacharias G. Mathioudakis: Der Lyraspieler. 66 Seiten, ISBN 978-3-937108-21-6
- Sedones 15 – Georg Vardakis: Als der Krieg nach Kreta kam. 99 Seiten, ISBN 978-3-937108-23-0
- Sedones 16 – Arn Strohmeyer (Hg.): Mythos Matala. Ein Fotoband aus den 60ern und 70ern. 119 Seiten, ISBN 978-3-937108-26-1
- Sedones 20 – Karina Raeck (Hg.): Andartis – Monument für den Frieden. Krieg – Widerstand – Versöhnung. 209 Seiten, ISBN 978-3-937108-34-6
- Sedones 21 – Arn Strohmeyer: Wenn Zeus Europa nicht entführt hätte. Kreta im Spiegel von Mythos, Geschichte, Politik und Erleben. 117 Seiten, ISBN 978-3-937108-36-0
- Sedones 22 – Arn Strohmeyer: Das kretische Abenteuer der Elpis Melena. Reisen und Leben unter osmanischer Herrschaft. 112 Seiten, ISBN 978-3-937108-37-7

Verlag Dr. Thomas Balistier

Egartstr. 19, D-72127 Mähringen
Tel.: 0 70 71 / 36 80 18 • Fax: 0 70 71 / 36 80 18
www.kreta-buch.de